아는
척하기
딱 좋은 **짧은**
지식

아는
척하기
딱 좋은 **짧은 지식**

초판 1쇄 인쇄 2025년 4월 16일
초판 1쇄 발행 2025년 4월 23일

지은이 최청하

발행인 장상진
발행처 (주)경향비피
등록번호 제2012-000228호
등록일자 2012년 7월 2일

주소 서울시 영등포구 양평동 2가 37-1번지 동아프라임밸리 507-508호
전화 1644-5613 | **팩스** 02) 304-5613

ⓒ최청하

ISBN 978-89-6952-617-5 03030

아는
척하기
딱 좋은

짭짤지식

몰라도 되지만
알아 두면 유용한
기상천외하고
흥미로운 이야기

최청하 지음

경향BP

어릴 적부터 세상은 끝없는 질문으로 가득한 놀이터였습니다. 정치가 사람들의 삶을 어떻게 바꾸는지, 경제가 세상을 어떤 방향으로 이끄는지, 역사가 오늘을 어떻게 설명하는지, 그리고 서로 다른 문화가 만나 어떤 이야기를 빚어내는지…. 궁금한 것을 하나씩 파헤치며, 때로는 답을 찾고 때로는 더 큰 질문을 품었던 시간이었습니다.

당시에는 그저 호기심에 이끌려 걷던 그 길이 훗날 삶의 가장 든든한 자산이 되리라고는 상상도 하지 못했습니다. 미국에서 석사 과정을 마칠 때도 마음 한구석에는 여전히 채워지지 않는 갈증이 있었습니다. 한 분야에 머무르기보다는 더 넓고 깊은 세상을 탐구하고 싶은 열망이 끊이지 않았습니다.

그렇게 쌓아 온 지식은 어느 순간 새로운 방향을 찾았습니다. 유튜브 '짧지식' 채널을 시작하면서 복잡한 이야기를 단순하게, 무거운 주제를 가볍게, 그리고 먼 이야기를 가까운 이야기로 바꿔 전달하는 방법을 고민하기 시작했습니다. 바쁜 일상에서도 잠깐의 틈새 시간에 무언가를 배우고, 생각하고, 웃을 수 있는 순간을 만들고 싶었습니다. 처음에는 작은 시도였을 뿐인데 어느새 유튜브, 틱톡, 인스타그램, 네이버 등여러 플랫폼에서 200만 명이 넘는 구독자와 만나게 되었습니다. 한국을 넘어 일본에서도 반응이 이어졌고, 지식이 사람과 사람, 나라와 나라를 잇는 다리라는 걸 새삼 깨달았습니다. 짧은 영상 하나가 누군가의 하루에 작은 변화를 줄 수 있다는 사실이 매일 새롭게 놀라웠습니다.

이 책은 그 여정에서 자연스럽게 피어난 결과물입니다. SNS라는 빠르고 짧은 공간에서는 담기 힘든, 조금 더 깊고 느린 이야기를 나누고 싶었습니다. 지식은 고고하게 책상 위에 놓인 학문이 아니라 일상에 스며들어 함께 숨 쉬는 동반자여야 한다고 믿습니다. 그래서 이 책은 딱딱한 교과서처럼 가르치려 들지 않고, 지나치게 가벼워 의미를 잃지는 않게 만들었습니다. 독자와 눈높이를 맞춘, 마치 옆에서 이야기를 나누는 듯한 대화로 채웠습니다. 정치, 경제, 역사, 문화, 과학, 철학 등 세상사 전반에 숨어 있는 재미있는 상식들입니다. 이런 세상의 조각들이 한데 어우러져 하나의 그림을 완성하는 과정을 볼 수 있을 것입니다.

이 책을 쓰는 동안 가장 염두에 둔 건 독자가 페이지를 넘길 때마다 세상을 조금 더 흥미롭게 느꼈으면 하는 것이었습니다. 바쁜 일상에서 잠깐 멈춰 서서 평소 지나쳤던 것들을 새롭게 바라보고, 궁금증을 품고, 또 누군가와 나누고 싶은 이야기를 발견하는 시간이 되었으면 합니다. 지식을 쌓는다는 건 단순히 머리를 채우는 게 아니라 세상과 사람을 더 깊이 이해하고 연결하는 과정이라고 생각합니다. 그 과정을 독자와 함께할 수 있다면 더 바랄 게 없을 것입니다.

이제 첫 페이지를 열 시간입니다. 이 책을 덮을 때쯤이면 세상이 조금 더 친근하고 다채롭게 느껴질지 모릅니다. 아니, 적어도 한 번쯤 미소 짓거나 고개를 끄덕이는 순간이 있기를 바랍니다. 자, 함께 시작해 볼까요? 이 지식의 여행은 이제 막 시작입니다.

최청하

차례

③ 아는 척하기 딱 좋은 음식 이야기

4 아는 척하기 딱 좋은 돈 이야기

⑤ 아는 척하기 딱 좋은 과학 이야기

6 아는 척하기 딱 좋은 패션 & 스포츠 & 미스터리 이야기

7 아는 척하기 딱 좋은 인체 이야기

10 아는 척하기 딱 좋은 자투리 지식

11 아는 척하기 딱 좋은 철학 상식

1

아는 척하기
딱 좋은
생존 상식

001 갑자기 쓰러진 사람을 살리는 방법

갑자기 쓰러진 사람을 어떻게 살릴 수 있을까요?

먼저 감전을 당했을 경우입니다. 이때는 절대 맨손으로 환자를 만지면 안 됩니다. 가장 먼저 해야 할 건 전기가 통하지 않는 물체를 사용해 감전되고 있는 물체를 떨어트려야 합니다. 주변에 고무로 된 물체를 빠르게 찾은 다음 이걸 이용해 환자를 구하세요. 이후 마른 수건으로 다리를 감싸 환자를 안전한 곳으로 이동시킨 뒤 빠르게 신고를 해야 합니다.

다음으로 음식물이 목에 걸려 숨을 못 쉬는 경우입니다. 이때는 하임리히법을 사용해 환자를 구해야 합니다. 환자의 등 뒤에 서서 한쪽 손을 명치와 배꼽 사이에 놓은 다음 그 상태로 주먹을 쥐세요. 그리고 반대 손으로 주먹 쥔 손을 감싸 이물질이 나올 때까지 환자를 압박하여 위로 들어 올려 주면 됩니다.

002 갑자기 이가 빠졌을 때 대처하는 방법

갑자기 이가 빠졌을 때는 어떻게 해야 할까요? 이때는 무조건 1시간 안에 치과로 뛰어가야 합니다. 통산 1시간 이내에 치료하면 빠진 이를 붙일 수 있다고 합니다. 이때 절대 하지 말아야 할 행동은 수돗물이나 비누로 치아를 씻는 것입니다. 이러면 치아 뿌리에 붙어 있는 치주인대가 손상되기 때문입니다.

가장 모범적인 방법은 빠진 치아를 생리식염수나 우유에 넣어 빠르게 치과로 뛰어가는 것입니다. 우유에 빠진 치아를 넣으면 치주인대 손상을 최소화할 수 있다고 하네요.

003 괴한의 흉기 습격에서 살아남는 방법

갑자기 모르는 사람이 다가와 흉기를 꺼낸다면 어떻게 해야 할까요? 괴한의 습격에서 살아남는 방법을 빠르게 알려 드리겠습니다.

국제과학수사 학술지에 따르면, 근접한 상황에서 흉기에 찔리기까지 걸리는 시간은 길어야 1초에 불과하다고 합니다. 따라서 가장 좋은 방법은 근접하지 않도록 빠르게 도망가는 것입니다.

그런데 만약 이미 근접해 있다면 어떻게 해야 할까요? 이때는 주변에 있는 물건을 이용해 최대한 거리를 벌려야 합니다. 의자나 긴 막대기가 있다면 이걸 이용해 거리를 벌리고, 아무것도 없다면 겉옷이나 가방을 이용해 목과 가슴을 가린 상태에서 발로 상대를 밀며 시간을 벌어야 합니다. 이 상태에서 최대한 큰 소리로 도움을 요청하세요.

004 뇌졸중으로 쓰러지기 전에
나타나는 증상

　발바닥에 볼펜을 갖다 대면 순식간에 발가락이 오므라듭니다. 그런데 만약 발가락이 오므라들지 않고 위로 젖혀진다면 뇌졸중일 가능성이 높다고 합니다. 실제로 수많은 의사가 추천한 자가진단법입니다. 지금 당장 펜을 들어 발바닥의 뒤꿈치부터 앞꿈치까지 가볍게 그어 보세요. 이건 다른 사람이 해 줘야 하고, 힘을 꼭 빼야 합니다.

　만약 발가락이 반응하지 않는다면 귀를 확인해 보세요. 만약 귓불을 확인했는데 주름이 생겼다면 뇌졸중을 의심해 보아야 합니다. 실제로 뇌졸중 환자들의 귀를 보면 주름이 발견된다고 합니다. 노화로 인한 일반적인 주름은 상관없지만, 대각선으로 진하게 주름이 져 있다면 뇌로 향하는 혈관들이 막혀 있을 가능성이 높다고 합니다.

005 달걀을 만진 후
꼭 해야 하는 행동

　식품의약품안전처에 따르면, 최근 5년간 무려 7,400명의 사람이 이 질병에 감염되었다고 합니다. 이 병의 정체는 살모넬라 식중독인데요. 달걀 껍데기에는 살모넬라균이 묻어 있기 때문에 달걀을 만지면 귀찮더라도 바로 손을 씻어야 합니다.

그런데 만약 손을 씻지 않고 다른 식재료를 만진다면 어떻게 될까요? 이 경우 72시간 내에 복통, 설사, 구토, 발열 등의 증상이 나타나고, 드물지만 생명에 위협을 줄 수도 있다고 합니다.

006 배꼽이 튀어나왔을 때 대처하는 방법

배꼽이 튀어나왔다면 조심해야 합니다. 특히 배가 나왔거나 임신을 했다면 배꼽탈장이라는 병을 의심해 봐야 합니다. 주로 신생아에게 나타난다고 알려졌지만 성인의 경우에도 종종 나타난다고 합니다.

배꼽탈장은 비만이나 임신으로 인해 복부가 팽창한 사람들에게 주로 나타난다고 하는데요. 장기가 약해진 피부를 통해 불룩 튀어나오는 현상입니다. 이게 진짜 위험한 이유는 심각해질 때까지 증상이 딱히 없기 때문입니다.

중요한 건 참외배꼽과 배꼽탈장은 다르기 때문에 원래부터 배꼽이 튀어나왔다면 걱정할 필요는 없습니다.

007　30초 뇌 건강 테스트

　　10초 동안 손가락을 30회 이상 두드리지 못하면 당장 병원에 가 보는 걸 추천합니다. 뇌나 신체 근육에 이상이 있을 수 있습니다. 실제로 분당서울대병원 연구팀이 조사한 결과, 손가락을 30회 이상 두드리지 못한 사람들은 5년 후 사망하게 될 확률이 무려 2.2배나 더 높았다고 합니다.

　　이제 한 발을 들고 20초 이상 버텨 보세요. 만약 이 상태로 서 있는 게 불가능하다면 뇌졸중과 뇌경색을 의심해 봐야 합니다. 실제로 일본 교토대학교 연구팀이 조사한 결과, 뇌에 질환을 가지고 있던 사람들 중 3분의 1가량이 한 발을 들고 20초를 버티지 못했다고 합니다.

008　상어 vs 악어, 당신의 선택은?

　　"으악, 상어다! 뭐야 여기는 악어잖아?" 앞에서는 상어가 오고, 뒤에서는 악어가 다가오고 있습니다. 어느 쪽으로 도망가는 게 더 안전할까요?

　　상어와 악어는 모두 사람을 찢어 버릴 수도 있는 무시무시한 동물입니다. 그런데 결론부터 말하자면, 상어보다는 악어가 훨씬 더 위험하다고 합니다. 그 이유는 상어는 기본적으로 사람을 공격하지 않는 동물이기 때문입니다.

반면 악어는 영역에 굉장히 민감한 동물이어서 만약 실수로라도 악어의 영역을 침범하게 되면 큰일 날 수 있습니다. 그중에서도 바다악어는 지능이 높아 지형지물을 이용하고 심지어 협동 공격까지 한다고 합니다. 그러니 만약 상어와 악어를 동시에 만난다면 상어 쪽으로 도망가세요.

009 스마트폰 오른쪽 위에 녹색 불이 켜져 있나요?

스마트폰 오른쪽 상단에 녹색 불 혹은 주황색 불이 계속 켜져 있다면 핸드폰이 해킹당했을지도 모릅니다. 대체 왜 그런 걸까요?

핸드폰을 사용하다 보면 안드로이드폰은 녹색 불, 아이폰은 녹색 불혹은 주황색 불이 켜져 있는 경우가 있는데요. 이 불은 마이크나 카메라가 사용되고 있다는 걸 보여 주는 기능입니다. 그러므로 이 불이 들어온다고 무조건 해킹을 당한 건 아닙니다.

하지만 내가 아무것도 하지 않는데 계속 이 불이 켜져 있다면 해킹을 의심해 볼 수 있습니다. 스마트폰을 해킹하는 악성앱에는 카메라로 사용자를 감시하거나, 마이크로 도청을 하는 경우도 있기 때문에 계속 불이 들어와 있다면 어떤 앱이 카메라와 마이크를 사용하고 있는지 꼭 확인해 보세요.

010 실수로 방습제를 먹었을 때 살아남는 방법

김이나 과자에 들어 있는 습기제거제를 먹으면 어떻게 될까요? 습기제거제의 정체는 모래와 99% 흡사한 성분으로 구성된 실리카겔입니다. 표면에 수많은 구멍이 수분을 흡수하여 습기가 생기는 걸 막아주는 역할을 합니다.

실리카겔을 자세히 보면 "인체에 무해하나 먹지 마십시오!"라는 글이 적혀 있습니다. 말 그대로 유해가 아니라 무해하기 때문에 이걸 조금 먹는다고 큰일 나는 건 아닙니다. 대부분 그대로 배설되기 때문에 억지로 토하거나 응급실에 갈 필요는 없고, 몸에서 최대한 빨리 배출될 수 있도록 물을 많이 마시는 게 좋다고 합니다. 다만 파란색 실리카겔은 염화코발트가 첨가되어 있어 위험할 수도 있다고 합니다.

011 엘리베이터가 갑자기 멈췄을 때 살아남는 방법

"어, 뭐야… 왜 갑자기 멈춘 거지?" 갑자기 엘리베이터가 멈추면 어떻게 해야 할까요? 가장 먼저 비상호출 버튼을 눌러 엘리베이터에 갇힌 사실을 다른 사람에게 빠르게 알려야 합니다. 간혹 인터폰이 안 되는 경우도 있는데, 이때는 당황하지 말고 119에 전화를 걸어 승강기 번호 7자리를 알려 주면 위치 추적이 가능하다고 합니다.

여기서 절대 하지 말아야 할 행동은 억지로 문을 여는 것입니다. 이러면 엘리베이터에 충격을 주기 때문에 고장이 더 심해질 수 있습니다. 다행히 엘리베이터에는 수많은 안전장치가 있기 때문에 실제로 추락하게 될 확률은 매우 낮다고 합니다.

012 실수로라도 절대 먹으면 안 되는 음식

실수로라도 바다 거북은 절대 먹으면 안 됩니다. 실제로 바다거북을 먹고 사망하는 사례가 간간이 발생하고 있습니다.

바다거북은 켈로니톡시즘이라는 식중독을 일으킬 수도 있기 때문에 잘못 먹으면 큰일 납니다.

달팽이도 먹으면 안 됩니다. 식용으로 길러진 달팽이는 괜찮지만 야생 달팽이를 먹으면 사망할 수도 있습니다. 실제로 야생 달팽이는 주혈흡충이라는 기생충에 감염되어 있을 수도 있기 때문에 절대로 먹으면 안 된다고 합니다.

013 원숭이의 공격에서 살아남는 방법

매년 원숭이의 습격으로 인해 수많은 사람이 사망하고 있습니다. 해외에서 원숭이를 만났을 때 살아남는 방법 3가지를 알려 드리겠습니다.

우선 원숭이는 반짝거리는 장신구에 관심을 갖습니다. 따라서 원숭이를 보면 귀중품 등을 빠르게 숨기세요. 다음으로 중요한 건 거리를 두고 눈을 피하는 것입니다. 원숭이의 눈을 쳐다보는 것은 싸우자는 걸 의미하기 때문에 최대한 시선을 피해야 합니다. 마지막으로 원숭이가 근처에 있다면 절대 음식을 꺼내지 마세요. 원숭이는 후각이 뛰어나 멀리 있는 음식도 빠르게 알아챕니다.

014 지금 손가락을 살짝 꼬집어 보세요

만약 손등을 꼬집었는데 피부가 돌아오지 않는다면 당장 물을 마셔야 합니다. 가운뎃손가락의 마디 부분을 꼬집으면 수분이 부족한지 아닌지를 바로 확인할 수 있습니다. 피부가 바로 돌아오면 괜찮지만 천천히 돌아온다면 몸에 수분이 부족한 것입니다.

다음으로 손을 쫙 편 상태로 엄지를 말아 쥔 후 손목을 아래로 움직여 보세요. 이때 손목이 아프다면 손목건초염일 가능성이 높습니다.

이건 스마트폰을 맨날 쓰는 사람들이 걸리는 질병입니다. 이때는 아픈 손의 엄지를 아래로 잡은 다음 스트레칭을 반복해 주면 자연적으로 치유될 수 있다고 합니다.

015 지리산에서 반달곰을 만났을 때 살아남는 방법

지리산에서 캠핑을 하다가 갑자기 반달곰을 만나면 어떻게 생존할 수 있을까요? 죽은 척해야 할까요? 아니면 나무 위로 올라가야 할까요?

만약 멀리 있는 반달곰을 발견했다면 조용히 자리를 피해야 합니다. 그런데 만약 반달곰이 당신을 쳐다봤다면? 곰이 자기보다 덩치가 더 큰 동물이라고 생각하고 도망가도록 팔을 천천히 머리 위로 들어 올려야 합니다.

만약 가까이서 마주쳤다면 어떻게 해야 할까요? 이때는 곰의 눈을 정면으로 바라보고 천천히 뒷걸음질해야 합니다. 뒤를 보였다간 곰의 사냥 본능을 자극할 수도 있습니다. 이때 곰이 공격을 하면 절대로 죽은 척하지 말고 막대기 등으로 최대한 저항해야 합니다. 만약 저항이 어렵다면 땅에 웅크려 양팔로 목을 감싸 급소를 보호하세요.

016 하마 vs 코뿔소, 당신의 선택은?

"으악 하마다! 뭐야 여기는 코뿔소잖아?" 앞에서는 하마가 오고, 뒤에서는 코뿔소가 다가오고 있습니다. 어느 쪽으로 도망가는 게 더 안전할까요?

실제로 하마와 코뿔소는 모두 인간을 공격할 수 있는 동물입니다. 결론부터 말하자면, 코뿔소보다 하마가 훨씬 더 위험하다고 합니다. 그 이유는 코뿔소는 기본적으로 겁이 많고 온순한 동물이기 때문입니다. 심지어 시력까지 나빠 잘 도망가면 무사할 확률이 높습니다.

반면 하마는 친근한 외모와 다르게 공격적인 분노조절장애 동물이라고 합니다. 만약 실수로라도 하마의 영역을 침범하게 되면 어떻게 될까요? 하마는 육지든, 물 위든, 상대가 누구든 관계없이 자신의 영역을 침범하면 미친 듯이 쫓아와 공격한다고 합니다. 실제로 보트를 타고 지나가는 사람까지 쫓아와 공격할 정도로 무서운 동물이라고 하네요.

017 해외에서 총기 위협을 당했을 때 살아남는 방법

해외에서 갑자기 총기 난사가 시작되면 어떻게 해야 할까요? 이때 살아남는 방법을 빠르게 알려 드리겠습니다.

총소리를 들었을 때 가장 먼저 해야 할 행동은 바로 엎드리는 겁니다. 이후 3가지 방법 중 하나를 선택해야 하는데, 일단 범인이 안 보이는데 총소리만 들린다면 최대한 빠르게 도망가야 합니다. 그런데 도망치는 게 불가능하다면 무조건 숨어야 합니다. 불을 끄고 휴대폰을 무음 모드로 바꾼 상태에서 최대한 조용히 숨어 있어야 합니다.

만약 총격범이 바로 앞까지 왔다면 어떻게 해야 할까요? 이때는 손에 잡히는 모든 것을 무기로 사용해 무조건 싸워야 합니다. 실제로 말로 범인을 설득하는 것보다 싸웠을 때의 생존율이 훨씬 더 높다고 합니다. 이후 경찰이 왔다면 두 손을 들고 손가락을 펴서 범인이 아닌 것을 꼭 보여 줘야 합니다.

2

아는 척하기
딱 좋은
생활 꿀팁

018 갑자기 방문이 잠겼을 때 1초 만에 여는 방법

"뭐야? 이거 왜 안 열리는 거야? 열쇠도 없는데… 살려 주세요!" 이런 상황에서 어떻게 탈출할 수 있을까요? 우선 요즘 주로 사용하는 방문은 뾰족한 물건만 구멍에 넣어 주면 1초 만에 문을 열 수 있습니다.

문제는 뾰족한 물건이 없거나 문고리가 고장 나 아예 이 방법 자체가 먹히지 않는 경우인데요. 이때는 당황하지 말고 지갑에 있는 카드를 꺼내 주세요. 그리고 문틈 사이로 카드를 밀어 넣으면 1초 만에 문이 열립니다. 이건 카드가 잠금장치를 밀어주며 문을 여는 원리입니다. 만약 카드가 없다면 빳빳한 종이를 사용해도 괜찮습니다.

그런데 문고리가 고장 나 안에 갇혔을 때는 어떻게 해야 할까요? 이 경우에는 잠금장치가 반대쪽으로 되어 있기 때문에 카드도 안 먹힙니다. 이때는 철사를 U자로 구부려 준 다음 문틈 사이에 넣어 같은 원리로 문을 열 수 있습니다.

019 고무줄 200% 활용하는 꿀팁

고무줄을 그냥 버리지 마세요. 생각보다 쓸데가 많습니다. 손이 미끄러워서 뚜껑이 열리지 않을 때 뚜껑에 고무줄을 감아 열 수도 있고,

티백이 빠져 고정이 필요할 때도 고무줄로 고정시킬 수 있습니다. 그리고 고무줄을 손가락에 감아 주면 마찰력으로 책을 1장씩 넘기기 수월합니다.

그리고 텀블러를 세척할 때 고무줄을 이용해 집게와 수세미를 연결시켜 주면 간편하게 씻을 수 있습니다. 고무줄을 물티슈에 감아 주면 티슈가 1장씩 나오고, 샴푸 펌프에 감아 주면 샴푸를 아낄 수 있고, 비누 케이스에 감아 주면 물기로부터 비누를 지킬 수 있습니다. 마지막으로 드라이버가 작아 나사가 잘 안 풀릴 때 고무줄을 넣어 주면 완전 잘 풀리게 됩니다.

020 나홀로집에 도둑도 몰랐던 도어락 꿀팁

늦은 시간에 몰래 집에 들어가고 싶다면, #버튼을 누르고 도어락 비밀번호를 입력해 보세요. 그러면 무음으로 비밀번호를 입력할 수 있습니다. 혹시 비밀번호가 노출될까 걱정된다면 가짜 비밀번호를 누르면 됩니다. 그냥 아무 번호나 누른 다음 마지막에 진짜 비밀번호를 입력해도 문이 열립니다. 다시 말해 모든 번호가 일치할 필요는 없고, 마지막 숫자만 비밀번호와 일치하면 문이 열리게 된다고 합니다.

021 구글 개발자가 숨겨 놓은 신기한 게임

인터넷이 안 될 때 크롬에서 할 수 있는 게임들을 알려 드릴게요.

1. 검색창에 'Atari breakout'을 검색하고 'I'm feeling lucky'를 누르면 벽돌깨기 게임을 할 수 있습니다.

2. 검색창에 'zerg rush'를 검색하고 'I'm feeling lucky'를 누르면 이상한 공들이 튀어나와 화면에 있는 글씨를 부수기 시작합니다. 이 공들을 클릭해 공격을 막으면 게임을 클리어할 수 있습니다.

3. 구글에 '팩맨'을 검색하면 팩맨을 할 수 있고, '스네이크'를 검색하면 뱀을 조작해 사과를 먹는 게임을 할 수 있습니다. 그런데 더 신기한 건 '구글 지도 스네이크'라고 검색하면 구글맵에서도 게임을 할 수 있습니다.

022 꽉 막힌 것 전부 뚫어 드립니다

페트병 하나만 있으면 꽉 막힌 세면대를 3초 만에 뚫을 수 있습니다. 페트병에 물을 채운 다음 세면대 마개를 뽑아 주세요. 그리고 물 채운 페트병을 그대로 갖다 눌러 주면 됩니다. 보기에는 단순해 보여도 진짜 바로 뚫립니다.

다음으로 변기가 막혔을 때 7초 만에 뚫는 방법입니다. 비닐봉투와 변기솔만 있으면 가능합니다. 이것도 마찬가지로 변기솔에 비닐봉투를 감싼 다음 그대로 박아 주면 됩니다.

마지막으로 코가 막혔을 때 1분 만에 뚫는 방법입니다. 비염 스프레이가 없다면 코 바로 옆에 있는 영향혈 자리를 양 손가락으로 1분만 눌러 주세요. 생각보다 시원하게 뚫립니다.

023 매일 보는데 용도를 몰랐던 구멍들

컨버스 신발을 보면 양쪽 측면에 구멍이 있습니다. 여기에 신발끈을 묶는 건 아닌 것 같은데, 왜 이런 쓸데없는 구멍이 있는 걸까요? 정답은 바로 농구를 하기 위해서입니다. 컨버스는 원래 농구화로 출시된 신발입니다. 신발에 발을 최대한 고정시키기 위해 보조 구멍이 있는 것입니다.

그런데 펜 뚜껑에는 왜 구멍이 있는 걸까요? 이건 아이들의 목숨을 살리기 위해 만들어진 구멍입니다. 실수로 뚜껑을 삼켰을 때 질식을 막기 위해 만들었다고 합니다. 제크과자나 도넛에도 구멍이 뚫려 있는데 이건 과자의 속까지 골고루 익게끔 만들어진 구멍입니다.

024 달걀 유통기한 확인하는 방법

달걀에도 유통기한이 있다는 사실 알고 있나요? 생각보다 많은 사람이 모르는 달걀 유통기한 확인하는 방법, 그리고 좋은 달걀을 고르는 방법을 알려 드리겠습니다.

먼저 달걀이 물에 뜬다면 상한 달걀일 가능성이 높습니다. 건강한 달걀은 가라앉아야 정상이며, 오래될수록 수분이 빠져나가 물 위에 둥둥 뜬다고 합니다.

만약 이미 달걀껍데기를 까서 버린 상태라면 달걀노른자에 이쑤시개를 꽂아 보세요. 싱싱한 달걀은 노른자에 이쑤시개가 꽂히지만, 상한 달걀은 노른자가 퍼져 버립니다.

만약 물속에 담그는 게 귀찮다면 달걀 껍데기에 있는 숫자를 확인해 보세요. 앞에 있는 숫자 네 자리는 산란일자, 중간에 있는 번호는 생산자 고유번호, 마지막에 있는 숫자는 사육환경번호입니다. 마지막에 있는 번호가 1에 가까울수록 더 좋은 환경에서 자란 닭이 낳은 달걀입니다.

유통기한은 산란일자를 기준으로 +30일을 하면 됩니다.

025 더 맛있게 먹을 수 있는 편의점 꿀팁

편의점에서 맥주 살 때 바닥을 꼭 확인해 보세요. 품질유지기한이 표시돼 있는데, 이 기한이 지나면 맥주의 맛이 떨어진다고 합니다. 그런데 이것이 유통기한은 아니라서 기간이 지나도 법적으로 문제되는 건 아닙니다. 따라서 직접 확인해 봐야 합니다.

그리고 팩으로 된 음료수에 나무젓가락을 꽂은 상태로 냉동실에 얼려 주면 신박한 아이스크림을 만들 수 있습니다. 생각보다 엄청 맛있습니다.

팝콘도 얼리면 훨씬 더 맛있게 먹을 수 있습니다. 짭짤한 맛이 살아나는 건 물론, 치아 사이에도 팝콘이 끼지 않습니다. 그런데 팝콘은 일반 옥수수로는 만들 수 없고, 팝콘용 옥수수를 사용해야만 맛있는 팝콘을 만들 수 있습니다.

026 문방구 주인도 모르는 종이 고정 꿀팁

스테이플러의 아랫부분을 돌려 주면 종이를 임시로 고정할 수 있다는 사실은 다들 알고 있을 겁니다. 휴지를 스테이플러로 집어 주면 두꺼운 종이를 고정시킬 수 있다는 것도 알고 있을 겁니다.

그런데 만약 스테이플러가 없다면 어떻게 해야 할까요? 이때는 칼로 모서리를 잘라 그 안으로 종이를 넣어 주기만 하면 깔끔하게 고정시킬 수 있습니다. 살짝 불안하다면 여기에 테이프를 붙여 주면 됩니다. 그런데 칼도 없으면 어떻게 해야 할까요? 이때는 모서리를 삼등분으로 잘라 각각 다른 방향으로 접어 주면 종이를 고정시킬 수 있습니다.

027 받으면 절대 안 되는 번호

만약 216으로 시작되는 번호로 전화가 온다면 절대 받으면 안 됩니다. 왜냐고요? 스팸일 가능성이 높기 때문입니다. 216, 98, 7, 94, 237로 시작하는 전화가 온다면 당장 차단해 버리는 걸 추천드립니다.

"스팸이 아닐 수도 있지 않냐고요?" 그럴 수도 있습니다. 만약 여러분이 튀니지, 이란, 러시아, 스리랑카, 카메룬에 아는 사람이 있다면 여러분의 친구일 수도 있습니다. 그런데 그게 아니라면 99% 스팸입니다. 실제로 SKT에서 조사한 결과 대한민국에 스팸을 가장 많이 보낸 나라가 바로 이 5개국이라고 합니다.

'튀니지 사람이 왜 스팸을 보내?'라고 생각할 수 있지만, 이건 외국인이 아닌 국내 보이스피싱범일 가능성이 높습니다. 규제가 느슨한 국가의 통신망을 빌리는 것입니다.

028 부모님이 꼭 알아야 하는 꿀팁

'이거 뭐야? 스팸 아니야?' 혹시 엄마가 받으면 당할 것 같다고 생각된다면 엄마에게 이것만 알려 주세요. 카톡에서 '보호나라'를 검색해 해당 문자를 넣으면 스팸인지 아닌지 바로 확인할 수 있습니다.

요즘 AI 서비스가 너무 많아지면서 세대간의 격차가 커지고 있는데 부모님에게 이 사이트 하나만 공유해 주세요. 'AI판'이라는 곳에는 수많은 AI 서비스가 깔끔하게 정리되어 있습니다. 실제로 도움이 되는 것이 엄청 많습니다.

029 비행기를 조종할 수 있는 방법

구글맵만 있으면 비행기를 타고 전 세계를 돌아다닐 수 있습니다. 그냥 지도만 보는 게 아니라 자기가 직접 비행기를 조종할 수 있습니다. google.com/earth/about/versions로 들어가 스크롤을 쭉 내린 다음, 어스 프로를 다운받아 실행시켜 주세요. 이 상태에서 컨트롤+알트+A를 누르면 비행 시뮬레이터를 바로 시작할 수 있습니다.

먼저 비행기를 고른 다음 공항을 선택하고 비행 시작 버튼을 누르면, 1초 만에 비행기를 조종할 수 있습니다. 참고로 위에는 장거리 비행 전용, 밑에는 초보자 전용 비행기라고 생각하면 됩니다. 만약 한국에서 비행을 하고 싶다면, 지도를 한국으로 맞춰 놓은 다음 현재 보기를 클릭해 실행해 보세요. 심지어 북한도 갈 수 있습니다.

030 생각보다 소름 돋는 지하철 꿀팁

지하철이 올 때 어떨 때는 트럼펫 소리가 나고, 어떨 때는 벨소리가 납니다. 이건 하행선과 상행선을 나누는 소리인데요. 트럼펫 소리는 하행선, 벨소리는 상행선 열차가 올 때 나는 소리입니다. 만약 갑자기 도착한 지하철이 내가 타야 하는 지하철인지 헷갈린다면, 이 2가지 소리만 기억하면 됩니다.

또한 지하철 노선도를 보면 각 역마다 점이 찍혀 있는 걸 볼 수 있는데, 이건 정차 시 열리는 문의 위치를 표시하는 것입니다. 마찬가지로 화장실 표시는 개찰구 안에 화장실이 있는 경우입니다. 지하철 출구 번호는 대부분 1번 출구를 기준으로 시계방향으로 배치되어 있습니다.

031 일상 속에 숨어 있는 신기한 사실

편의점에서 산 껌을 뜯어 보면 네잎클로버가 나옵니다. 물론 꽝도 있습니다. 신기한 사실은 카카오내비에서 목적지를 공항으로 입력하면 자동차가 비행기로 바뀐다는 겁니다.

뿐만 아니라 구글에서 '운석'을 검색하면 운석이 떨어지고, 'drop bear'를 검색한 뒤 이름 옆의 마름모꼴 아이콘을 누르면 거대한 코알라가 떨어집니다. 진짜 신기한 건 'BTS'를 검색한 뒤 이름 옆의 보라색 하트 아이콘을 누르면 BTS 멤버들에게 생일축하도 받을 수 있습니다. 또한 'askew'를 검색하면 화면이 기울어지고, 'do a barrel roll'을 검색하면 화면이 뱅글뱅글 돌아갑니다. 한 번 테스트해 보세요.

032 에버랜드를 3배 더 재미있게 즐길 수 있는 꿀팁

에버랜드를 3배 더 재미있게 즐길 수 있는 꿀팁을 알려 드리겠습니다.

1. 에버랜드 앱 : 에버랜드에 가기 전에 에버랜드 앱을 필수로 다운받아야 합니다. 에버랜드 앱을 다운받고, 홈화면에서 리스트에 들어가면 스마트 줄서기를 할 수 있는 어트랙션을 전부 다 확인할 수 있습니다. 뿐만 아니라 에버랜드 앱을 사용하면 어떤 놀이기구를 얼마만큼 기다려야 하는지 한눈에 확인할 수 있습니다.

2. 공연시간 미리 알기 : 에버랜드 홈페이지에서 이용정보-운영시간에 들어가면 해당 날짜에 어떤 공연이 언제 어디서 열리는지 확인할 수 있습니다. 에버랜드는 놀이기구도 재미있지만 공연들도 큰 볼거리이기 때문에 공연시간을 미리 확인해서 관람하는 걸 추천드립니다. 공연장소가 어딘지 잘 모르겠다면 에버랜드 앱을 참고해 주세요.

3. 감성 교복 : 인스타그램에서 에버랜드에 갔다 온 수많은 사람이 교복을 입고 사진을 찍은 걸 볼 수 있습니다. "집에서 교복을 입고 가는 건가?"라고 생각할 수도 있지만, 사실 대부분의 사람은 에버랜드에 도착해서 교복을 빌려 입는 것입니다. 에버랜드 입구에 있는 '감성 교복'이라는 곳에서 대여가 가능합니다.

캔 뚜껑을 따다가 다친 경험이 있다면, 앞으로는 이렇게 뜯어 보세요. 캔 2개를 겹친 다음 위로 살짝만 들어 주면 뚜껑을 쉽게 딸 수 있습니다.

만약 음료수가 미지근하다면 키친타월로 캔을 감싸 물을 묻힌 뒤, 냉동실에 10분만 넣어 보세요. 순식간에 시원한 음료수를 마실 수 있습니다. 빨대를 캔 입구에 넣었는데 너무 왔다 갔다 불편하다면 캔 따개를 돌려 주세요. 캔 따개 구멍에 빨대를 넣으면 빨대를 고정시킬 수 있습니다.

입구에 컵을 끼운 다음 반대로 돌려 주기만 하면 거품 없이 콜라를 따를 수 있습니다. 만약 콜라가 흔들려 터질까 봐 불안하다면 콜라 캔을 위에서 아래로 딱 8번만 쓸어내려 주세요. 많이 흔들린 이후라도 거품 없이 깔끔하게 뜯을 수 있습니다. 만약 페트병이라면 바닥에 놓고 8번만 굴려 주면 됩니다.

034 잠이 안 오거나 변이 안 나올 때 꿀팁

변이 안 나올 때는 변기에 앉아 왼쪽 다리를 오른쪽 허벅지 위에 올려놓은 다음 왼쪽으로 몸을 돌리면 1초 만에 쾌변을 할 수 있다고 합니다. 싱가포르 출신 의학박사가 설명한 방법인데 실제로 수많은 사람이 효과를 봤다고 합니다.

잠이 안 올 때 1초 만에 잠들 수 있는 방법이 있습니다. 눈을 감은 상태로 4초 동안 숨을 들이쉬고, 7초 동안 숨을 참고, 8초 동안 입으로 숨을 뱉어 보세요. 이걸 반복하다 보면 바로 다음날 아침이 되어 버립니다. 실제로 하버드대학교의 앤드류 웨일 박사가 추천한 방법입니다.

035 천재들만 알고 있다는 숨겨진 과자 꿀팁

과자의 아랫부분을 말아 올리면 과자를 세워 놓고 먹을 수 있다는 사실은 다들 알고 있을 겁니다. 마찬가지로 과자의 양쪽 모서리를 잘라 뒤집은 다음 손가락 장갑을 만들어 주면, 부스러기를 묻히지 않고도 과자를 먹을 수 있습니다.

신기하게도 프링글스 뚜껑은 종이컵과 사이즈가 맞고, 프링글스 통에는 나무젓가락을 보관하기 좋습니다. 그리고 하리보는 중간 부분을 잡아당기면 아주 깔끔하게 뜯을 수 있습니다. 이 부분을 위쪽 봉지에 있는 구멍에 넣으면 남은 젤리를 손쉽게 보관할 수 있습니다.

036 잡스도 몰랐던 아이폰의 숨겨진 기능들

아이폰에서는 문자를 보낼 때 이모티콘들을 한 번에 겹쳐서 보낼 수 있습니다. 나무 이모티콘을 선택하고 그 위에 사람 이모티콘을 얹으면 나무 밑에서 휴식하는 사람 이모티콘을 만들 수 있는데요. 심지어 이 상태에서 전송하기 버튼을 길게 누르면 메시지에 특수효과까지 입힐 수 있습니다.

그런데 더 신기한 게 있습니다. 앱을 하나하나 옮기기 번거로울 때는 앱 하나를 꾹 눌러 준 상태에서 같이 옮기고 싶은 앱을 눌러 주기만 하면 앱들을 한꺼번에 옮길 수 있습니다. 그리고 밑에 있는 점을 클릭하면 홈 화면 전체를 정리할 수도 있습니다.

마지막으로 사진첩에서 인물 사진을 누르면 1초 만에 배경을 없앨 수 있고, 글자를 드래그하면 사진인데도 글자를 복사할 수 있습니다.

037 직장인에게 유용한 크롬 꿀팁

크롬 확장 프로그램에서 ColorZilla를 사용하면 클릭 한 번으로 색상 코드를 찾을 수 있습니다. 또한 크롬에서 Drag Free를 사용하면 드래그가 안 되던 글자를 긁을 수 있고, Streak를 사용하면 상대방이 내 메일을 읽었는지 안 읽었는지 단 1초 만에 확인할 수 있습니다.

맞춤법이 헷갈릴 때는 한국어 맞춤법 검사기를 이용하세요. 오타인지 아닌지를 바로 확인할 수 있습니다. 그리고 DeepL을 사용하면 실시간으로 모든 외국어를 한국어로 번역할 수 있습니다.

038 천재들이 과자를 먹는 신박한 방법

김에 들어 있는 습기제거제를 그냥 버리지 마세요. 과자가 남았을 때 이 습기제거제를 하나 넣어 두면 눅눅해지지 않습니다. 만약 그래도 눅눅해졌다면 접시에 덜어 전자레인지에 30초만 돌려 주세요. 과자를 바삭하게 먹을 수 있습니다.

그리고 시원한 얼음물을 함께 먹고 싶다면 물통에 물을 담아 얼려 주세요. 이때 중요한 건 물을 꼭 절반만 담아 옆으로 눕혀서 얼려야 한다는 겁니다. 그래야 편하게 얼음물을 마실 수 있습니다.

마지막으로 과자 봉지 버릴 때 딱지 모양으로 접으면 안 됩니다. 봉지를 접어서 버리면 재활용이 힘들다고 합니다.

039
천재들이 물티슈를 사용하는 방법

물티슈 입구에 붙어 있는 스티커를 버리지 말고 볼록하게 만든 다음 거꾸로 붙여 주기만 하면 공기와의 접촉을 차단시켜 물티슈를 훨씬 더 촉촉하게 쓸 수 있습니다. 그리고 물티슈는 거꾸로 보관하는 게 좋습니다. 이렇게 해야 밑에 있는 물기가 올라와 마지막까지 촉촉하게 쓸 수 있습니다.

뿐만 아니라 입구를 가위로 살짝만 잘라 주면 물티슈를 정확하게 1장씩 뽑을 수 있고, 다 사용한 물티슈 뚜껑을 떼서 책상에 붙여 주면 미니 쓰레기통으로 사용할 수도 있습니다.

040 키보드를 200% 활용할 수 있는 꿀팁

모르는 사람이 은근히 많은 키보드 기능을 알려 드리겠습니다. 윈도우를 누르고 온점 버튼을 누르면 수많은 이모티콘을 사용할 수 있습니다. 윈도우+방향키를 누르면 화면을 반으로 나눠 사용할 수 있고, 이 상태에서 윈도우와 플러스, 마이너스 키를 누르면 돋보기를 사용할 수 있습니다.

그리고 갑자기 인터넷 창이 종료되었다면 컨트롤+시프트+T를 눌러 보세요. 종료 직전의 인터넷 창으로 돌아갈 수 있습니다. 마찬가지로 윈도우+V를 누르면 좀 전에 복사했던 글자를 불러올 수 있습니다.

잠깐! 이것도 알았다고요? 몰래 게임을 하고 있는데 엄마가 왔다면 윈도우+D를 눌러 보세요. 순식간에 바탕화면으로 이동합니다.

041 헌옷수거함의 숨겨진 비밀

헌옷수거함에 옷을 넣으면 도움이 필요한 사람들에게 전달된다고 알고 있었나요? 그런데 아닙니다. 실제로 소량은 그렇게 사용되지만, 대부분은 외국으로 수출된다고 합니다.

그런데 이렇게 수출된 옷은 대부분 버려지거나 태워진다고 합니다. 물론 괜찮은 옷은 현지 사람들이 입기도 하지만, 대부분 상태가 좋지 않아 버려진다고 합니다.

안타깝게도 옷은 단추와 지퍼 같은 부자재들로 인해 재활용이 어렵다고 합니다. 앞으로는 안 입는 옷을 이렇게 처리해 보세요.

1. 당근이나 중고나라에서 판매한다.
2. 옷캔이나 아름다운 가게에 기부한다.
3. 정장이라면 열린 옷장에 기부한다.

3

아는 척하기
딱 좋은
음식 이야기

042 각 나라별로 금지된 특이한 음식 3가지

나라에 따라 먹으면 안 되는 금지된 음식이 있습니다. 각 나라별로 금지된 특이한 음식 3가지를 알려 드리겠습니다.

1. 샥스핀 : 미국과 캐나다에서는 상어의 지느러미로 요리한 샥스핀 을 먹는 게 법적으로 금지되어 있습니다. 상어를 잡아 산 채로 지 느러미와 꼬리를 자르고, 상어는 그대로 바다에 버리는 행위를 잔인하다고 생각해서 결국 샥스핀을 먹는 게 금지된 것이라고 합 니다.

2. 껌 : 싱가포르에서는 공공장소에서 껌을 씹는 게 금지되어 있습 니다. 과거에 싱가포르 사람들이 길거리에 껌을 너무 많이 뱉어 서, 도시를 깨끗하게 만들고자 껌을 씹는 걸 금지했다고 합니다. 하지만 지금은 법이 완화되어 금연 껌이나 건강용 껌 등 일부 껌 은 허용된다고 합니다.

3. 문어와 오징어 : 유대교를 믿는 이스라엘 사람들은 문어와 오징 어를 먹지 못한다고 합니다. 유대교에서는 먹을 수 있는 해산물 을 지느러미와 비늘이 있는 것으로 규정해 놓았기 때문에 유대교 를 믿는 사람이라면 장어, 오징어, 문어, 새우, 굴 등을 먹지 않는 다고 합니다.

043 과일씨 잘못 먹으면 큰일 납니다

"너 지금 뭐하는 거야? 씨를 먹으면 어떻게 해? 이거 먹었다가 몸속에서 자라나면 어떻게 하려고 그래!"

이게 무슨 말도 안 되는 소리인가라고 생각하겠지만, 실제로 몸속에서 콩이 자라난 사람이 있다고 합니다. 콩이 위가 아닌 폐로 들어가서 싹을 틔워 나무가 되었다고 하는데요. 이로 인해 숨 쉬는 게 힘들어 사망할 뻔했다고 합니다.

그렇다고 씨를 먹으면 무조건 위험한 건 아닙니다. 씨는 보통 위에서 전부 소화됩니다. 심지어 수박씨, 포도씨, 참외씨의 경우에는 영양분이 많아 오히려 건강에 더 좋다고 합니다. 반면에 사과, 복숭아, 살구 씨앗은 독성을 지니고 있기 때문에 먹으면 안 된다고 합니다.

044 닭고기를 물에 씻으면 안 되는 이유

생닭을 물에 씻고 요리하는 분 있나요? 닭은 이렇게 씻으면 절대 안 된다고 합니다. 미국 농무부와 노스캐롤라이나 주립대에서 공동으로 진행한 실험 결과에 따르면, 생닭을 흐르는 물에 씻자 여기에 묻어 있던 세균이 물방울과 함께 주방 곳곳으로 흩날렸다고 합니다.

이렇게 세균이 많으면 당연히 씻어야 하는 것 아닌가 하고 생각할 텐데, 미국 농무부에서는 74℃ 이상에서 가열하면 세균이 전부 다 죽기 때문에 굳이 닭고기를 씻어서 주방을 오염시킬 필요가 없다고 강조했습니다.

045 라면의 이름이 라면이 된 이유

라면은 왜 '라면'이라는 이름을 가지게 된 것일까요? 이걸 알아보기 위해서는 먼저 중국으로 가 봐야 합니다. 중국에서는 '납변'이라는 국수 요리를 '라미엔'이라고 발음한다고 합니다. 이 라미엔이 일본으로 넘어가면서 라멘이 되었고, 이 라멘이 한국으로 넘어오면서 라면이라는 이름이 탄생하게 된 것입니다.

046 실수로 일본에 가져가면 평생 입국 금지당하는 물건

이걸 일본에 가져가면 평생 입국 금지를 당할 수도 있다고 합니다. 실제로 이걸 들고 갔다가 입국 금지 도장이 찍힌 사람이 있다고 하는데요. 대체 뭘 가져가면 안 된다는 걸까요?

대부분의 국가에서는 농축산물의 반입을 엄격하게 금지하고 있습니다. 아프리카돼지열병이나 조류 인플루엔자 확산 등의 위험을 막기 위해서입니다. 여기서 정답을 공개하자면, 절대로 들고 가면 안 되는 물건은 바로 육포입니다.

일본에는 육포뿐만 아니라 햄, 소시지, 고기만두 등을 가져가면 절대로 안 됩니다. 실제로 이를 어기고 육류를 가져갈 시 벌금이 부과될 수 있고, 심한 경우에는 아예 입국이 금지될 수도 있다고 합니다. 어떤 사람이 여기에 항의했다가 영구적으로 입국 금지를 당한 사례도 있다고 하네요.

047 매운 음식을 먹으면 혀가 아픈 이유

우리나라에서 제일 매운 라면으로 유명한 붉닭볶음면을 먹어 본 적 있나요? 불닭볶음면을 먹어 본 사람들은 알겠지만, 이렇게 매운 음식을 먹고 나면 혀가 굉장히 따갑습니다.

매운 걸 먹으면 대체 왜 혀가 아픈 걸까요? 그 이유는 매운맛이 미각이 아니라 통증이기 때문입니다. 보통 단맛이나 신맛은 정말 그 맛이 느껴지는 것인 반면에, 매운맛은 맛이 아니라 통증을 줘서 맵다고 느끼게 만드는 것이라고 합니다.

매운 것을 먹을 때 혀의 통증을 없애고 싶다면 차가운 우유를 마시는 게 도움이 됩니다. 우유에는 단백질이 많이 들어 있는데 이것이 매운맛을 줄여 주는 효과가 있습니다.

048 물을 사 먹는 게 불법이었던 시절

"당신을 체포합니다. 이거 불법인 거 몰랐어요?"

농담이 아니라 실제로 물을 사 먹는 게 불법인 시절이 있었습니다. '아니 무슨 이런 나라가 다 있어?'라고 생각하겠지만, 이것은 사실 우리 나라 이야기입니다. 물을 사 먹는 게 왜 불법이냐고요? 그건 바로 외국인이 아니었기 때문입니다.

실제로 1990년대만 해도 국내에서 생수를 사 먹는 게 불법이었습니다. 그 이유는 계층간의 갈등을 방지하기 위해서라고 합니다. 다시 말해 돈이 있는 사람들만 비싼 물을 사 먹는 걸 방지하고자 국가에서 생수를 구매하는 걸 법적으로 금지한 것입니다.

그런데 문제는 그 당시만 해도 수돗물이 깨끗하지 않았다고 합니다. 따라서 수많은 사람이 불법으로 생수를 구매할 수밖에 없었고, 결국 물값이 기름값보다 더 비싸졌다고 합니다.

049 밥을 먹지 않고 얼마나 오래 살 수 있을까?

인간은 밥을 먹지 않고 얼마나 오랫동안 생존할 수 있을까요?『사이언스타임즈』의 기사에 따르면, 이런 얘기가 나올 때마다 등장하는 게 333 생존 법칙이라고 합니다. 인간은 공기 없는 3분, 물 없는 3일, 음식 없는 3주 동안 생존할 수 있다는 게 흔히 알려진 생존 시간이라고 합니다.

물론 모든 사람이 무조건 3주만 살 수 있다는 건 아니고 개인의 건강 상태나 주변 환경에 따라 조금씩 달라질 수는 있지만, 평균적으로는 밥을 먹지 않아도 3주 동안 생존할 수 있다고 합니다. 인간은 평소에 섭취한 영양분의 일정 부분을 체내에 축적해 두기 때문에 밥을 먹지 않아도 꽤 오랜 시간 동안 살아갈 수 있는 것입니다.

050 삼겹살을 쿠킹 포일에 구워 먹어도 괜찮은 이유

'너 미쳤어? 삼겹살을 이렇게 먹으면 어떻게 해? 이거 알루미늄 포일에 먹으면 큰일 나는 거 몰라? 여기서 환경호르몬이 나올 수도 있대!'라고 생각했다면 틀렸습니다. 알루미늄은 중금속이 아니기 때문에 인체에 흡수나 축적이 되지 않는다고 합니다. 만약 어쩌다 섭취하게 되더라도 대부분은 소변이나 대변으로 배출되어 괜찮다고 합니다.

실제로 미국 FDA와 식품의약품안전처에서도 괜찮다는 입장을 발표했습니다. 또한 알루미늄 포일은 양쪽 표면이 다르지만 기능적으로는 차이가 없습니다.

051 세상에서 가장 매운 고추

불닭볶음면보다 무려 600배나 더 매운 고추가 있다고 합니다. 이 고추의 이름은 페퍼X인데요. 이 고추는 자연적으로 만들어진 품종이 아니라 미국의 고추소스 공장주인 에드 커리가 10년 동안 개발해서 만든 품종입니다.

이게 얼마나 맵냐면, 최근 세상에서 가장 매운 고추로 기네스북에까지 등재되었다고 합니다. 실제로 이걸 개발한 커리는 자신이 만든 고추를 먹고 3시간 반 동안 열기와 복통, 그리고 위경련까지 느꼈다고 합니다.

신기한 건 커리는 이 고추를 힘들게 개발했지만 판매하지 않을 거라고 합니다. 지금까지 이 고추를 훔쳐 가려는 사람이 많았기 때문에 이걸 보호하기 위해 이 고추로 만든 핫소스만 판매할 예정이라고 하네요.

052 소주병의 색깔이 초록색인 이유

소주병은 브랜드와 상관없이 대부분 초록색을 띠고 있습니다. 그런데 소주병은 대체 왜 초록색인 걸까요? 여기에는 여러 가지 설이 있습니다.

첫 번째 이유는 과거 초록색 병을 사용하던 그린 소주가 엄청나게 히트를 쳤기 때문입니다. 그린 소주는 1999년에 무려 30%가 넘는 시장점유율을 기록했는데, 이때부터 모든 소주가 초록색 병을 사용했다고 합니다.

두 번째 이유는 공장에서 막 출시된 소주병 자체가 초록색이기 때문입니다. 즉 따로 색을 추가하지 않은, 가장 저렴하게 구입할 수 있는 병의 색깔이 초록색이어서 소주병이 초록색이 되었다는 것입니다.

053 수박 100배 더 맛있게 먹는 방법

알아 두면 유용한 수박과 관련한 상식 3가지를 알려 드리겠습니다.

1. 수박은 계곡물에 넣어 두면 안 됩니다. 계곡물에는 대장균을 비롯한 각종 미생물이 살고 있기 때문에 계곡물에 넣는 걸 피해야 합니다.

2. 수박씨는 먹어도 괜찮습니다. 『동의보감』에 따르면, 수박씨는 방광과 신장의 염증을 예방하는 데 도움을 준다고 합니다.

3. 좋은 수박은 두드렸을 때 손바닥에 탄력이 느껴지며, 맑고 경쾌한 소리가 난다고 합니다. 표면의 스크래치는 당도와 전혀 상관이 없다고 하네요.

054 시리얼에서 이상한 가루가 나오는 이유

시리얼에 자석을 갖다 대자 충격적인 일이 벌어졌습니다. 정체를 알 수 없는 검은색 가루가 나왔는데 이 가루의 정체는 바로 철가루입니다.

실제로 시리얼에는 철가루가 들어 있다고 합니다. 믹서기에 간 시리얼에 자석을 갖다 대면 검은색 철가루가 붙는 걸 볼 수 있습니다. 이것 위험한 거 아니냐고요? 절대 아닙니다. 이것은 환원철이라는 깨끗한 성분으로 몸에 좋은 안전한 철가루입니다. 일반적인 금속이 섞여 있는 철과는 다른 안전한 철입니다.

055 아이스크림을 먹으면 갑자기 머리가 아픈 이유

2010년 5월, 아이돌 그룹의 한 멤버가 예능 프로그램을 녹화하던 도중 두통으로 인해 바닥에 쓰러진 사건이 있었습니다. 제한 시간 안에 차가운 아이스크림을 먹는 게임을 하던 중에 벌어진 일이었습니다. 그는 벌칙을 피하기 위해 아이스크림을 급하게 먹다가 갑자기 머리를 움켜쥐며 바닥에 쓰러졌고, 이로 인해 잠시 녹화가 중단되었습니다. 쓰러진 이유는 바로 아이스크림 두통 때문이었습니다.

그렇다면 아이스크림을 빨리 먹으면 갑자기 왜 머리가 띵하고 아픈 걸까요? 그 이유는 찬 음식을 빨리 먹으면 두피의 혈관이 갑자기 수축되기 때문입니다. 두피로 가는 혈관이 수축하면서 혈액 순환이 원활하게 이뤄지지 않다 보니 혈관 주변에 통증이 생기면서 갑자기 머리가 띵하고 아프게 되는 것이라고 합니다.

사실 아이스크림 두통은 몇 분 지나면 완전히 사라지기 때문에 크게 걱정할 필요는 없습니다. 아이스크림 두통을 느끼기 싫다면 아이스크림을 천천히 녹여 먹으면 됩니다.

알고 나면 의외로
배신감 느껴지는 간식 이름

돼지바 아이스크림은 사실 돼지와는 아무런 관련이 없습니다. 그런데 왜 이름이 돼지바냐고요? 그건 돼지바가 출시된 1983년이 돼지의 해였기 때문이라고 합니다. 더 신기한 사실은 빵또아는 '빵 먹고 또 아이스크림 먹고'라는 뜻이고, 붕어싸만코의 싸만코는 '싸고 양이 많은 아이스크림'이라는 뜻이라고 합니다.

어이없는 건 바로 하겐다즈인데요. 미국 아이스크림인 하겐다즈는 덴마크에서 만든 럭셔리 아이스크림인 척하기 위해 아무 뜻이 없는 이름을 붙인 것이라고 합니다.

그 밖에 오징어집은 '오징어+벌집'이라는 뜻이고, 빅파이는 큰 파이가 아니라 '빅토리+파이'라는 뜻입니다.

외국인은 안 먹는
특이한 한국 음식

1. 도토리묵 : 유럽에서는 도토리를 아예 음식이라고 생각하지 않는다고 합니다. 다람쥐가 먹는 식량 정도로 생각해 동물 사료로만 쓰인다고 해요.
2. 참외 : 참외는 영어로 Korean Melon이라고 불리는데 외국에서는

한인마트에 가지 않는 이상 보기 힘든 과일입니다. 그래서 외국인이 한국에 오면 이걸 꼭 먹어 본다고 합니다.

3. 간장게장 : 서양인들도 게를 먹긴 하는데 그냥 찜기에 찐 다음 몸통을 버리고 다리만 발라 먹는다고 합니다. 이렇게 간장에 절여 먹는 건 세계에서 한국이 거의 유일하다고 합니다.

058 이삿날에 짜장면을 먹는 이유

짜장면의 경우에는 다른 음식들에 비해 배달이 빠르다는 장점이 있습니다. 짜장면을 만드는 데 걸리는 시간이 그리 길지 않고, 면이 불기 전 빠른 시간 안에 배달이 완료되는 경우가 많습니다. 따라서 정신없는 이삿날에 빠르게 배달하여 먹을 수 있는 짜장면을 시켜 먹게 되면서 이삿날에 짜장면을 먹는 전통이 생긴 것입니다.

짜장면은 한때 배달음식을 대표했습니다. 지금은 각종 앱을 통해 여러 음식을 배달시켜 먹을 수 있지만 2000년대 초반만 해도 배달시켜 먹을 수 있는 음식은 굉장히 한정적이었습니다. 그 당시 대표적인 배달음식은 중국집, 치킨, 피자, 족발, 보쌈 정도였습니다. 여기서 중국집을 제외한 나머지 음식점은 보통 저녁에 가게를 여는 경우가 많았기 때문에, 그 당시 낮에도 배달시켜 먹기 좋은 중국집에 음식을 시키면서부터 이삿날에 짜장면을 먹게 된 것입니다.

059 인간이 소의 젖(우유)을 먹어도 괜찮은 이유

'인간이 소의 젖을 먹어도 괜찮은 걸까?' 한 번쯤 생각해 봤지요? 영국 브리스톨대학교 리처드 에버세드 교수팀의 연구 결과에 따르면, 사실 인간이 우유를 먹는 건 전혀 괜찮지 않았다고 합니다. 우유를 소화하기 위해서는 우유에 함유된 유당을 분해하는 효소인 락타아제가 있어야 합니다. 그런데 인간을 포함한 대부분의 포유류는 성장하면서 락타아제 분비량이 적어집니다.

하지만 과거의 인간들에게는 식량이 없었기 때문에 병에 걸려도 계속해서 우유를 먹을 수밖에 없었습니다. 그 결과 유당을 잘 소화하는 사람만이 살아남게 되어 지금은 우유를 먹어도 괜찮게끔 진화한 것이라고 합니다.

060 전자레인지에 돌리면 안 되는 음식 3가지

전자레인지에 넣고 돌리면 절대로 안 되는 음식이 있습니다. 생각보다 많은 사람이 모르는 3가지 음식을 알려 드리겠습니다.

첫 번째는 달걀입니다. 껍데기를 까지 않은 달걀을 전자레인지에 넣고 돌리면 폭발합니다. 전자레인지의 원리는 물 분자를 진동시켜 가열

하는 것이기 때문에 달걀을 껍데기째 돌리면 내부에서 수증기가 빠져 나오지 못해 '펑' 하고 터진다고 합니다.

두 번째는 밤입니다. 밤도 달걀과 마찬가지로 수증기 배출구를 만들 어 두지 않으면 폭발합니다.

세 번째는 낫씽입니다. 전자레인지에 아무것도 넣지 않고 돌리면 마 이크로파가 음식이 아닌 기계 자체에 흡수되어 고장을 일으킬 수 있습 니다.

061 정육점의 조명은 왜 흰색이 아니라 붉은색인 걸까?

대부분의 정육점에는 붉은색 조명이 켜져 있습니다. 정육점의 불빛 은 대체 왜 붉은색인 걸까요? 가장 큰 이유는 고기를 더 신선하게끔 보 이게 하기 위해서입니다. 붉은색 조명을 받으면 고기의 붉은색이 더 강조되기 때문에 단순히 흰색 조명을 받은 고기에 비해 훨씬 더 신선해 보인다고 합니다.

또 다른 이유는 붉은색 자체가 인간의 식욕을 돋우는 색이기 때문 이라고 합니다. 붉은색은 감각신경을 자극해 혈액 순환을 촉진시키며, 이로 인해 침의 분비량을 늘려 소화 작용까지 촉진시킨다고 합니다. 그래서 패스트푸드점의 경우 대부분 빨간색으로 간판을 만든다고 합 니다.

062 중국에서 유행하는 이상한 음식

카오빙리우즈라고 불리는 음식은 중국에서 엄청 유행하는 특이한 간식입니다. 날이 더울수록 훨씬 더 잘 팔리는 음식이라고 하는데요. 대체 이 음식의 정체는 뭘까요?

이 음식은 바로 구운 얼음입니다. 말 그대로 얼음을 구워 만든 간식입니다. 얼음 더미를 숯불에 올려 고추기름과 칠리소스를 넣고 볶아 먹는 중국의 특이한 간식입니다.

'얼음을 어떻게 굽나?'라고 생각할 수 있지만, 얼음이 녹는 걸 방지하기 위해 크기가 엄청 큰 얼음을 사용합니다. 신기한 사실은 중국에는 구운 얼음뿐만 아니라 자갈을 볶아 먹는 요리도 있다고 합니다. 자갈을 소스와 함께 볶아 자갈에 묻어 있는 소스를 빨아먹는 음식이라고 하네요.

063 중국 유치원에서 남자 아이들의 소변만 따로 모으는 이유

최근 중국에서 남자 아이들의 소변을 따로 모으는 이유가 밝혀져 온라인상에서 큰 화제가 되었습니다. 이렇게 모은 소변은 지역 식당으로 전달된다고 하는데요. 대체 이 소변은 어디에 사용되는 걸까요?

놀랍게도 이 소변은 달걀을 삶는 데 사용된다고 합니다. 심지어 소변으로 삶은 달걀은 일반 달걀보다 2배나 더 비싼 가격에 판매된다고 하는데요. 이 달걀의 이름은 퉁즈단이라고 합니다. 퉁즈단은 과거로부터 몸에 좋은 보양식으로 알려졌는데, 지금은 중국 저장성의 전통 음식이 되었다고 합니다. 지역 주민들에 따르면, 이 달걀은 몸의 열을 낮추고 혈액 순환을 촉진한다고 합니다. 하지만 아직까지 그 효능이 정확하게 입증되지는 않았다고 하네요.

064 진상 손님 때문에 생겨난 세계 최고의 음식

감자칩은 미국의 진상 손님 때문에 만들어졌습니다. 특정 브랜드의 감자칩이 아니라 세계 최초의 감자칩이 진상 때문에 만들어졌다는 것인데, 대체 어떻게 된 일일까요?

미국인 요리사 조지 크럼은 한 진상 손님 때문에 굉장히 화가 났습니다. 그 이유는 이 손님이 올 때마다 감자튀김이 두껍다며 컴플레인을 했기 때문입니다. 이에 화가 난 크럼은 포크로 못 집을 정도로 감자를 엄청 얇게 썰어 튀김을 만들었습니다.

그런데 신기하게도 이 진상 손님이 얇은 감자칩을 엄청 좋아했습니다. 이때부터 감자칩을 정식 메뉴로 만들어 팔기 시작했는데, 이게 대박이 났습니다. 세계 최초로 만들어진 이 감자칩은 지역 이름을 따라 사라토가칩으로 불리게 되었고, 현재 우리가 먹는 감자칩이 되었습니다.

초등학생도 3분 만에 만드는
특이한 간식

간단하게 집에서 아이스크림을 만들 수 있습니다. 커피믹스 2개를 뜨거운 물로 섞은 다음, 설탕 반 스푼과 우유 200ml를 넣어 주세요. 이 상태로 아이스크림 스틱에 부은 다음, 냉동실에서 3시간만 얼려 주면 더위사냥보다 더 맛있는 커피 아이스크림이 만들어집니다.

다음으로 라면에 마요네즈를 바르고 설탕 1스푼을 뿌린 다음, 라면 스프를 살짝만 뿌려 주세요. 이것을 전자레인지에 양쪽으로 1분씩, 총 2분을 돌려 주면 엄청나게 맛있는 간식이 만들어집니다.

마지막으로 오감자에 치즈를 올린 다음 케첩을 살짝만 뿌려 주세요. 이대로 전자레인지에 1분 30초만 돌려 주면 맛있는 오지치즈후라이가 만들어집니다.

한국 술집에서는 무조건
이 과자가 나온다

이 과자는 대한민국 사람이라면 한 번쯤 먹어 봤지만, 정작 이름은 정확하게 모르는 마법의 과자입니다. 보통 마카로니 혹은 대롱과자라고 불리는데요. 대체 술집에서는 왜 이걸 기본안주로 주는 걸까요?

첫 번째 이유는 가루가 손에 묻지 않아서입니다. 보통 과자를 집으면 손에 가루가 묻습니다. 그러면 이게 술잔에도 묻고, 이걸 닦느라 휴지를 많이 쓰게 되는데, 이 과자는 가루가 전혀 묻지 않습니다.

두 번째 이유는 가격이 저렴하면서 맛이 바삭하고 건조하기 때문입니다. 건조한 과자가 사람들의 갈증을 유도하여 자연스레 술을 더 시키게 만든다고 합니다. 어쩐지 사람들이 맥주를 계속 시키는 이유가 있었네요.

067 흰색 달걀과 갈색 달걀의 차이점

혹시 색깔이 다른 달걀을 본 적 있나요? 달걀은 흰색과 갈색 2가지 색깔이 있습니다. 그렇다면 대체 이 둘은 뭐가 다른 걸까요? 결론부터 말하자면, 둘의 차이점은 전혀 없습니다. 단순히 흰 깃털을 가진 닭이 알을 낳으면 흰 달걀이 나오고, 갈색 깃털을 가진 닭이 알을 낳으면 갈색 달걀이 나오는 것입니다. 두 달걀은 껍데기 색깔만 다르고 그 내부는 모든 면에서 다른 점이 없다고 합니다.

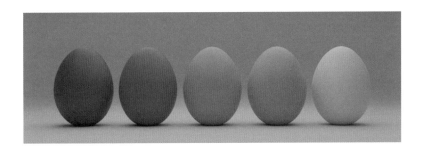

4

아는 척하기
딱 좋은
돈 이야기

068 갈기갈기 찢어진 바람에 301억 원이 된 그림

갈기갈기 찢어진 바람에 301억 원에 팔린 전설적인 그림이 있습니다. 뱅크시의 「사랑은 휴지통에」라는 작품인데요. 대체 이 그림은 왜 찢어진 다음에 더 비싸게 팔리게 된 걸까요?

2018년 경매에 나온 이 그림은 15억 원에 낙찰되자마자 갑자기 갈기갈기 찢어지게 되었습니다. 액자 밑에 분쇄기가 설치되어 있었던 건데요. 범인은 바로 이 그림을 그린 뱅크시입니다. 작품 거래의 관행을 조롱하기 위해 이런 일을 벌였다고 하는데, 다행히 현장 직원들이 분쇄기를 멈춰 작품의 절반만 잘리게 되었다고 합니다.

그런데 3년 뒤 절반이 찢어진 이 그림이 무려 301억 원에 낙찰되었다고 합니다. 이 사건으로 인해 이 그림이 전 세계적으로 유명해지게 되었고, 이로 인해 자연스레 가치가 상승하게 된 것이라고 합니다.

069 거지 월급이 8,000만 원

실제로 구걸을 해서 8,000만 원을 번 사람이 있다고 합니다. 세계에서 가장 잘사는 도시 중 하나인 두바이에서 구걸을 해서 번 돈이라고 하는데요. 어떻게 이게 가능할까요?

그 이유는 두바이에 부자가 많이 살고 있기 때문입니다. 하지만 단순히 부자가 많다고 해서 구걸로 많은 돈을 벌 수는 없는데요. 더 중요한 이유는 바로 두바이가 이슬람 도시이기 때문입니다. 이슬람의 성스러운 기간인 라마단 동안에는 수많은 사람이 자발적으로 기부를 한다고 합니다.

이걸 보고 바로 두바이로 건너가 구걸을 할 생각이라면 절대 그러지 마세요. 지금은 가짜 거지가 너무 많아져서 두바이 경찰들이 빡빡하게 단속을 하고 있다고 합니다. 걸리면 엄청난 벌금을 물고 감옥에 수감될 수도 있다고 하네요.

070 고래 뱃속에서 발견한 7억 원짜리 물체

스페인의 라팔마섬에서 7억 원짜리 물체가 발견되었습니다. 죽은 고래 뱃속에 있었다고 하는데요. 이것의 정체는 용연향입니다. 향유고래의 장에서 생긴 이물질이 굳어져 크고 까만 덩어리로 만들어진 것입니다. 용연향은 최고급 향수를 만드는 귀한 재료 중 하나로 알코올에 녹이면 향료로 변한다고 합니다.

용연향은 엄청 비싼 가격에 거래됩니다. 다만 미국, 호주, 인도 등 일부 국가에서는 멸종위기인 향유고래를 보호하기 위해 용연향 거래를 금지하고 있습니다. 그러다 보니 비싸도 잘 팔리지 않기 때문에 고래 사체를 찾아다니는 건 좋은 생각이 아니라고 하네요.

071 길거리 돌멩이를 팔아 7억 5,000만 원을 번 청년

미국의 게리 락이라는 남자는 길거리에 있는 돌멩이를 팔아 6개월 만에 7억 5,000만 원을 벌었습니다. 당시 반려동물을 키우는 데 돈이 너무 많이 든다는 친구의 이야기를 듣고 본격적으로 반려돌을 팔기 시작했습니다.

멕시코 해변에서 수입한 달걀 모양의 돌멩이를 반려동물 캐리어와 같은 예쁜 상자에 넣어 돌멩이 훈련법과 함께 4달러를 받고 팔았다고 합니다. 실제로 이 매뉴얼에는 '가만히 있어!', '죽은 척해 봐!' 등을 가르칠 수 있다는 글이 적혀 있는데요. 수많은 사람이 이 돌을 구매해 수백만 달러를 벌어들이게 되었다고 합니다.

072 나라 빚이 4경 5,424조 원인 나라

4경 5,424조 원? 말도 안 되는 숫자 같아 보이지만 실제로 한 나라의 빚이라고 합니다. 다행히 우리나라는 아니고 미국이 빌린 돈이라고 하는데요. 신기한 사실은 이 말도 안 되는 빚이 계속해서 늘어나고 있다고 합니다.

'이래도 괜찮은 건가?'라고 생각할 수도 있지만 미국이기에 괜찮습니다. 왜냐하면 미국의 달러가 세계 기축통화이기 때문입니다. 예를 들어, 석유를 사기 위해서는 무조건 미국 달러로 결제해야 하는데, 다른 국가들은 무조건 미국 돈이 필요하지만 미국은 그냥 스스로 돈을 찍어 사용할 수 있습니다. 말이 안 되지만 다른 나라에서도 어쩔 수가 없기 때문에 현재 이렇게 특이한 시스템으로 세상이 돌아가고 있는 것입니다.

073 누워서 440만 원 버는 특이한 알바

중국에서 누워서 과자를 먹고, 과일도 먹으면서 일주일에 110만 원을 버는 알바가 화제가 되었습니다. 이 알바는 하루에 6시간 일하고 성과급까지 받는다고 합니다. 하지만 이 알바의 단점은 원숭이 분장을 하고, 아이들이 주는 간식을 받아먹어야 하는 것인데요. 이 알바의 정체는 중국의 손오공 분장 알바입니다.

일본에는 더 특이한 알바가 있습니다. 일본의 광고회사에서 민소매를 입고 대중교통을 타면 시간당 10만 원을 주는 알바를 모집했습니다. 알바 조건은 겨드랑이에 광고판 스티커를 붙이고 손잡이를 잡아야 한다는 것이네요.

074 가장 게으른 사람에게 143만 원을 주는 대회

세상에서 가장 게으른 사람에게 143만 원을 주는 특이한 대회가 있습니다. 몬테네그로에서 열린 게으름뱅이 대회인데요. 침대에 누워서 가장 오래 버티는 사람이 우승하는 특이한 대회입니다.

대회의 규칙은 매우 간단합니다. 말 그대로 침대에서 가장 오래 버틴 사람이 승리하는 대회인데요. 참가자들은 오두막 안에 있는 침대에서 핸드폰과 노트북을 할 수도 있고, 음식도 먹을 수 있다고 합니다.

다만 모든 행동은 전부 누워서 해야 하는데요. 조금이라도 서 있거나 앉아 있으면 즉시 실격된다고 합니다. 화장실은 8시간마다 10분씩 이용할 수 있다고 하네요.

075 똥을 팔아 돈을 버는 신개념 알바

똥을 보내 주면 하나당 5만 원을 준다고 합니다. 미국의 대변은행 오픈바이옴은 건강한 대변을 제공하는 사람에게 회당 40달러의 돈을 지급한다고 합니다. 대변에는 유익한 미생물이 많은데, 이 미생물이 연구 자료로 쓰이기도 하고, 장 질환을 가진 환자들의 치료 목적으로도 쓰이기 때문입니다. 다시 말해 대변에 있는 건강한 미생물을 이식해 치료를 돕기 위한 목적입니다.

이거 한국인도 가능한 거냐고요? 당연히 한국인도 가능합니다. 우리나라에는 힐바이옴이라는 대변은행이 있는데, 설문지를 작성하고 검사를 거쳐 적합한 대변으로 판정된다면, 대변은행에 자신의 똥을 기증할 수 있습니다. 한국은 40달러는 아니지만 소정의 사례비를 지급한다고 하네요.

076 뚱뚱한 사람이 내야 하는 세금

"잠깐만요! 당신 비만이죠? 세금으로 2만 원 내시면 됩니다!"

"네? 제가 비만인 거랑 세금이랑 뭔 상관이에요. 지금 저 놀리는 거예요?"

이게 무슨 말이냐고요? 실제로 전 세계 42개국에서 비만세라는 세금을 부과하고 있습니다. 이게 뭔 말도 안 되는 소리냐고 생각하겠지만, 뚱뚱한 사람이 아니라 뚱뚱하게 만드는 음식에 부과하는 세금입니다. 설탕이 많이 들어 있거나 칼로리가 높은 음식에 세금을 부과해 비만으로부터 국민을 보호하는 정책입니다.

현재 우리나라에서도 이 비만세가 논의되고 있습니다. 실제로 2021년부터 비만세에 관련된 법안이 논의되고 있어 조만간 해당 세금이 도입될 수도 있다고 하네요.

말도 안 되는 이유로
부자가 된 나라

중앙아메리카의 작은 섬나라인 앵귈라는 특이한 이름 덕분에 부자가 되었습니다. 한국이 co.kr이라는 주소를 가진 것처럼, 여기는 이름 덕분에 ai라는 도메인을 가지게 되었습니다. 현재 전 세계적으로 ai 열풍이 불며 이 국가의 주소가 엄청 비싸게 팔리고 있습니다.

그런데 더 말도 안 되는 이유로 부자가 된 나라도 있습니다. 태평양의 나우루공화국은 한때 새똥으로 인해 세계에서 두 번째로 잘사는 나라가 되었는데요. 오랜 시간 동안 수많은 새가 똥을 쌌고, 이게 산호층과 배합되어 인광석이라는 특이한 자원을 만들어 내 부자 나라가 되었습니다.

발견하면 10억 원을 벌 수 있는
한국 우표

이 우표를 발견하면 10억 원을 벌 수도 있습니다. 대한민국 최초의 우표인데요. 혹시 이 우표 가지고 있는 사람 있나요?

1884년 대한민국에 우정총국이 만들어졌습니다. 한국 최초의 우체국이 만들어진 건데요. 이때 우리나라 최초의 우표인 문위우표가 발행되었습니다. 하지만 갑신정변의 실패로 인해 우정총국이 문을 닫게 되

78

며, 이 우표는 고작 20일밖에 사용되지 않았습니다.

따라서 지금까지 이 문위우표가 발견된 적이 없다고 하는데 전문가들은 만약 이 우표가 발견되면 10억 원 이상의 가치가 있을 거라고 합니다.

079 무심코 했다가 벌금을 낼 수도 있는 행동

직접 만든 비누를 선물하면 불법입니다. 비누는 화장품이기 때문에 허가받지 않고 만들어서 선물하면 벌금을 내야 한다고 합니다. 마찬가지로 향초나 디퓨저도 직접 만들어서 선물하면 불법이라고 합니다.

그런데 이것보다 더 신기한 게 있는데요. 차가 지나가면서 물을 튀기면 20만 원 이하의 과태료를 부과해야 하고, 위급 상황에서 공무원의 요청을 거절하면 10만 원 이하의 벌금을 내야 한다고 하네요.

080 발견하면 5,000만 원을 벌 수 있는 희귀한 곤충

이 곤충을 발견하면 로또 당첨이나 마찬가지입니다. 2017년 환경부에서 소똥구리를 발견하면 5,000만 원을 지급하겠다는 공고를 냈습니다.

소똥구리는 동물의 똥을 빠른 시간에 분해해 생태계의 순환을 돕는 고마운 친구인데, 1970년대부터 국내에서 발견된 기록이 없습니다. 그래서 환경부는 소똥구리의 복원을 위해 50마리에 5,000만 원을 지급하겠다는 공고를 냈습니다.

이후 수많은 사람이 소똥구리를 발견했다고 연락을 했지만, 대부분 소똥구리가 아니라 보라금풍뎅이었다고 하네요. 둘의 가장 큰 차이는 보라금풍뎅이는 유광이지만 소똥구리는 무광이라는 점입니다. 슬프게도 토종 소똥구리는 현재 멸종되었다고 합니다.

081 뱃살을 팔아 돈을 버는 방법

이제는 뱃살을 팔아서 2억 원을 벌 수 있습니다. 장난이 아니라 실제로 폐지방 1kg은 최대 2억 원의 부가가치를 만들어 낸다고 합니다. 미용, 성형, 치료 등 다양한 곳에 폐지방이 사용될 수 있기 때문에 뱃살의 가격이 이렇게 비싼 것이라고 합니다.

그럼 당장 팔아야겠다고 생각할 수도 있겠지만, 아쉽게도 지방을 판매하는 건 불법이라고 합니다. 만약 지방 판매가 가능하다면, 이걸 노린 납치와 같은 범죄가 발생할 수도 있기 때문에 공식적으로는 지방을 팔 수 없다고 하네요.

082 세계 최악의 건물로 선정된 북한에서 가장 비싼 건물

북한에서 가장 비싸고 화려한 건물이 세계 최악의 건물로 선정되었습니다. 이 건물은 한국을 이기기 위해 북한에서 무리하게 지은 105층짜리 초대형 건물인데요. 대체 이건 왜 만든 걸까요?

이 건물은 1987년 공사를 시작한 북한의 류경호텔입니다. 류경호텔은 착공 당시만 해도 미국을 제외한 건축물 중 최초로 100층을 돌파한 북한의 최고 자랑이었습니다. 하지만 이 건물을 완공하기 위해서는 최소 2조 4,000억 원이 필요했고, 무리해서 건물을 짓다 보니 안전성도 떨어져 35년이 지난 지금까지도 완공되지 못했습니다. 상황이 이렇다 보니 북한은 1996년 한국의 대우건설에 도움을 요청했는데 대우건설은 이 제안을 거절했다고 합니다.

083 10, 50원 동전을 계속 발행하는 이유

10원짜리와 50원짜리 동전이 아직도 있습니다. 쓰는 사람도 없는 것 같은데, 대체 왜 사라지지 않는 걸까요? 한국은행에 따르면, 10원짜리와 50원짜리는 그 동전의 가치보다 동전을 제작할 때 들어가는 비용이 훨씬 더 크다고 합니다. 그렇기 때문에 실제로 매년 해당 동전의 발행량을 줄여 가고 있습니다.

하지만 이 동전들을 완전히 없앨 수 없는 이유는 외국인 관광객과 고령층, 그리고 인프라가 잘 갖춰지지 않은 지방 사람들이 아직까지 이 동전을 사용하기 때문입니다. 이제는 카드를 쓰고 계좌이체를 하는 사람이 대부분이지만, 이게 아직 어려운 사람들도 있기 때문인 것이죠. 따라서 이러한 문제를 해결하기 위해 10원짜리 동전의 소재를 바꿔 단가를 낮추고 있습니다.

084 어린이도 할 수 있는 연봉 1억 원짜리 직업

5세 이상의 어린이들도 할 수 있는 연봉 1억짜리 직업이 있다고 합니다. 해당 직업은 사탕이나 젤리의 맛을 평가하는 직업인데요. 채용 사이트에 올라온 포스트에 따르면, 캔디 펀하우스라는 회사에서 캔디 최고 책임자(CCO)라는 새로운 직책을 맡아 줄 인재를 찾았습니다.

캔디 최고 책임자의 주된 업무는 사탕 맛을 평가하는 것으로 매달 3,500개가량의 사탕을 맛보는 것인데요. 해당 직책은 5세 이상의 어린이들도 지원할 수 있으며, 연봉은 10만 캐나다 달러(한화로 약 1억 원가량)라고 합니다.

캔디 펀하우스의 CEO는 어린이들의 편견 없는 의견과 창의적인 상상력이 필요하다며, 5세 이상의 어린이들도 해당 직책에 지원할 수 있게 채용공고를 냈다고 하네요.

085 의외로 상당히 비싼 물건들

카페에서 사용하는 진동벨은 의외로 엄청 비쌉니다. 무려 개당 60만 원이 넘는다고 하네요. 뿐만 아니라 공원에 있는 운동 기구도 기본 200~300만 원, 많게는 700만 원이 넘는다고 합니다.

길거리에 흔히 보이는 신호등도 사실 엄청나게 비싼 물건이라고 합니다. 기본 2,000만 원이 넘는다고 하네요. 최근에 생긴 바닥 신호등도 굉장히 비싸다고 합니다. 그 위에 있는 CCTV의 가격은 상상 이상이라고 하네요.

1초 만에 물건 가격이 바뀌는 나라

"이거 얼마예요? 1,000원입니다!"

"아, 그럼 살게요! 이거 2,000원인데요?"

"아니, 아까는 1,000원이라면서요."

"아… 아까는 1,000원이었는데, 방금 2,000원으로 올랐어요."

'뭐야, 사기꾼 아니야?'라고 생각하겠지만 실제 상황입니다.

아르헨티나에서는 하루에도 수십 번 물건의 가격이 바뀐다고 합니다. 어느 정도냐면, 강도가 가게에 들어왔는데 현금밖에 없자 이걸 내팽개치고 그냥 나갔다고 합니다. 한때는 세계 5대 선진국이었던 아르헨티나가 무리한 복지 정책으로 인해 점점 망해 가는 중이라고 합니다.

최근 아르헨티나에 새로운 대통령이 취임했습니다. 남미의 트럼프라고도 불리는 밀레이 대통령은 말도 안 되는 복지 정책을 싹 다 없애

고 있다고 합니다. 실제로 선거 유세 당시에도 전기톱을 들고 다니며 무리한 복지 정책을 없애 버리겠다는 의지를 강조했다고 하네요.

잡으면 10마리에 4,600원 벌 수 있는 곤충

이 곤충을 10마리만 잡으면 무려 4,600원을 벌 수 있다고 합니다. 이 곤충의 습격으로 인해 일본의 전통 문화가 파괴되고 있다는데요. 대체 어떤 곤충일까요?

검은색 몸통에 가슴이 주황색을 띠고 있는 이 곤충은 바로 벚나무사향하늘소입니다. 7~8월에 활동하며, 번식력이 강해 암컷 1마리가 대략 1,000개 정도의 알을 낳는다고 합니다.

벚나무사향하늘소가 위험한 이유는 수많은 나무에 피해를 주기 때문입니다. 나무에 알을 낳고, 애벌레가 자라며 나무를 갉아먹기 때문입니다. 이로 인해 일본의 벚나무들이 피해를 입어, 일본 다테바야시에서는 5년 전부터 1마리에 50엔을 주기 시작했다고 합니다. 한화로 대략 460원 정도 받을 수 있다고 하네요.

088 재벌만 살 수 있는 쓸모없는 명품

평범해 보이는데 무려 430만 원짜리 테이프가 있습니다. 사실 이건 팔찌입니다. '뭔 말도 안 되는 소리야?'라고 생각하겠지만, 실제로 명품 브랜드 발렌시아가에서 출시한 팔찌입니다.

160만 원짜리 샤넬 부메랑, 51만 원짜리 샤넬 테니스공, 심지어 에르메스에서 만든 90만 원짜리 돌도 있습니다. 종이가 날아가지 않도록 눌러 주는 돌멩이라고 합니다.

그런데 지금까지는 귀여운 수준입니다. 8,400만 원짜리 가방도 있기 때문입니다. 세상에서 제일 작은 가방이 무려 8,400만 원에 팔렸습니다. 현미경으로 봐야 보이는 작은 가방을 확대해 보면 루이비통 로고가 박혀 있다고 하네요.

089 전 국민에게 매년 1억 원을 생활비로 주는 나라

이 나라는 전 국민에게 매년 1억 원을 생활비로 주고, 세금도 안 걷고, 교육과 병원비도 공짜이며, 심지어 해외여행도 보내줍니다. 울릉도의 1/3 크기밖에 안 된다고 하는데, 대체 여기는 어디일까요?

이 나라의 정체는 오세아니아에 위치한 나우루공화국입니다. 1980

년대 초까지만 해도 세계에서 두 번째로 잘사는 나라였다고 하는데요. 이렇게 조그만 나라가 잘살 수 있었던 이유는 바로 새똥 덕분입니다.

오랜 동안 수많은 새가 이 섬에 똥을 쌌고, 이 똥이 산호충과 배합되어 인광석이라는 희귀한 자원이 되었기 때문입니다. 그 덕분에 세금 없는 엄청 잘사는 나라가 되었습니다. 하지만 현재는 이 자원이 고갈돼 나라가 힘들어졌다고 합니다. 심지어 섬도 가라앉고 있다고 하네요.

090 지폐 속 위인이 전부 조선 시대 사람인 이유

지폐 속 위인은 왜 전부 조선시대 사람인 걸까요? 재미있는 사실을 하나 알려 드리자면, 2007년에 10만 원권이 만들어질 뻔했고 여기에 새겨질 뻔한 인물은 김구 선생님이었다고 합니다. 다만 물가 상승 우려 등으로 인해 결국 10만 원권 발행은 중단되었습니다.

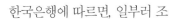

한국은행에 따르면, 일부러 조선시대 위인들만 선정해 지폐 속 인물로 선정하는 것은 아니고, 각계 전문가들의 의견과 여론조사 등을 통해 지폐 속 인물을 선정한다고 합니다.

091 80억 명을 살릴 수 있는 희귀한 돌

80억 명의 목숨을 살릴 수 있는 돌이 있습니다. 전 세계 인구가 80억 명인데 뭔 말도 안 되는 소리냐고요? 맞습니다! 이 돌은 모든 사람의 목숨을 살릴 수도 있습니다. 이 안에 굉장히 희귀한 광물이 포함되어 있기 때문입니다. 이 돌의 정체는 바로 소행성입니다.

이 소행성 안에는 터븀, 네오디뮴, 탄탈럼과 같은 희토류가 매장되어 있는데, 이게 없으면 수많은 전자기기를 만들지 못하게 됩니다. "아니 이게 목숨하고 뭔 상관인데?"라고 생각하겠지만, 이 희토류를 채굴하는 과정에서 엄청난 환경오염이 발생합니다. 또한 대부분의 희토류가 중국에서 만들어지는데, 만약 중국이 이걸 무기화해 버리면 전 세계적으로 엄청난 전쟁이 발생할지도 모릅니다.

이 모든 걸 해결할 수 있는 방법이 바로 이 소행성입니다. 앞으로 우주 산업이 발전하게 되면 지구의 수많은 문제가 싹 다 해결될 수도 있을 것 같습니다.

092 한국 지폐에서 1,000원권의 위인만 늙은 이유

1,000원, 5,000원, 10,000원, 50,000원 지폐에서 가장 늙어 보이는 사람은 누구일까요? 바로 1,000원권에 그려진 퇴계 이황입니다. 그렇다면 대체 왜 이황만 노인의 모습을 하고 있는 걸까요? 그 이유는 지폐에 그려진 모든 위인의 얼굴이 화가의 상상력으로 만들어진 것이기 때문입니다.

과거에 그려진 초상화들은 대부분 임진왜란과 같은 전쟁을 거치며 없어졌기 때문에 현대의 화가가 상상력을 동원해 해당 인물의 초상화를 그렸습니다. 그러다 보니 무의식중에 자신의 얼굴을 본떠 해당 초상화를 그렸을 가능성이 있다고 합니다. 실제로 이황의 초상화를 그린 이유태 화백은 60대의 나이에 해당 초상화를 그렸기 때문에 이황의 얼굴만 노인의 모습이라는 말이 있다고 하네요.

5

아는 척하기
딱 좋은
과학 이야기

093 게르마늄 팔찌는 건강과 관련이 없다

혹시 부모님이 게르마늄 팔찌를 끼고 있나요? 한때 게르마늄이 몸에 좋다며 많은 어르신이 게르마늄 팔찌를 착용했습니다. 그렇다면 게르마늄은 진짜로 건강에 좋은 걸까요?

결론부터 말하자면, 건강과는 딱히 관련이 없다고 합니다. 게르마늄이 몸에 좋은 이유는 게르마늄에서 나오는 원적외선과 음이온이 좋기 때문이라고 하는데요. TV조선에서 실험한 결과, 게르마늄에서 나오는 원적외선과 음이온의 양은 일반 돌에서 나오는 수준과 거의 비슷했다고 합니다. 실제로 식품의약품안전처에 따르면, 게르마늄의 효능을 인정해 의료기기로 인증한 사례는 단 한 건도 없다고 하네요.

094 기찻길에 자갈이 깔려 있는 이유

기찻길에 수많은 자갈이 깔려 있는 이유는 뭘까요? 가장 큰 이유는 철길을 정해진 위치에 고정시켜 주기 위해서입니다. 하지만 이것 말고도 더 많은 이유가 있다고 합니다. 먼저 기찻길의 자갈은 빗물이 고이거나 풀이 자라는 걸 막아 준다고 합니다. 뿐만 아니라 기차의 하중이 자갈에 고르게 분산되기 때문에 진동과 소음을 줄여 주는 역할까지 한다고 합니다.

그런데 만약 이 자갈을 가져간다면 어떻게 될까요? 기찻길에 있는 자갈을 가져가면 철도안전법으로 인해 처벌을 받을 수 있습니다. 그런데 신기한 건 요즘 짓고 있는 철도에는 자갈이 없다고 합니다. 요즘에는 기술이 발달되어 콘크리트로 작업을 하는데 자갈에 비해 무려 1.5배가량 더 비싸다고 하네요.

095 나이 들수록 시간이 빨라지는 과학적인 이유

시간이 빠르게 흐르고 있습니다. 그냥 하는 말이 아니라 진짜 제 시간이 더 빠르게 흐르고 있습니다. 왜냐고요? 제가 나이를 먹었기 때문입니다.

'뭔 말도 안 되는 소리야?'라고 생각하겠지만 진짜 과학적인 겁니다. 인간은 나이를 먹을수록 똑같은 일상을 반복하게 됩니다. 그러다 보면 도파민의 분비량이 줄어들게 되고, 이게 줄어들면 실제로 체감하는 시간이 더 빠르게 흘러가게 됩니다. 왜냐고요? 새로운 경험을 하지 않으면 뇌가 우리의 일상을 기억하지 않기 때문이라고 합니다.

따라서 매일 똑같은 삶이 이어지고 그렇게 하루하루가 흘러가게 되면 '어? 벌써 반년이나 지났네?'라는 생각이 들 정도로 시간이 빠르게 지나가게 되는 것입니다.

096 늑대를 길들여 개가 되었습니다

　신기하게도 개의 조상은 늑대라고 합니다. 지구상에 존재하는 모든 개는 회색 늑대의 후손으로 무려 99.5%의 유전자가 일치합니다. 오스트리아의 동물학자 콘라트 로렌츠에 따르면, 늑대는 인간을 만나 개로 진화하게 되었다고 합니다.

　무리 중 상대적으로 약한 늑대는 경쟁 과정에서 도태되어 생존을 위해 어쩔 수 없이 인간의 영역으로 들어오게 되었습니다. 이때 인간과 싸우려는 늑대는 모두 죽임을 당했고, 비교적 온순한 늑대가 인간의 사냥을 도우며 협력을 하게 된 것입니다. 이렇게 온순한 늑대끼리 교배하며 새로운 종이 만들어졌고, 지금의 개로 진화하게 되었다고 합니다.

097 당신의 성격을 맞혀 보겠습니다

　손가락을 쫙 펼쳐 보세요. 검지가 긴가요? 약지가 긴가요? 만약 검지가 더 길면 당신은 여성적인 사람입니다. 반대로 약지가 더 길면 당신은 남성적인 사람입니다.

　'뭔 혈액형 같은 소리야?'라고 생각할 수도 있지만, 사실 여기에는 과학적인 근거가 있습니다. 우리의 손가락은 처음부터 이렇게 만들어진 게 아니라 모두 붙어 있는 상태에서 점점 홈이 파이면서 만들어지게 된다고 합니다.

영국의 심리학자 존 매닝 교수에 따르면, 이 과정에서 어떤 호르몬의 영향을 받는지에 따라 형성 과정이 달라진다고 합니다. 여성 호르몬의 영향을 많이 받은 아이는 검지가 발달하고, 반대로 남성 호르몬의 영향을 많이 받은 아이는 약지가 발달한다고 합니다.

098 도저히 이해가 안 되는 이상한 지식

불나방들은 왜 가로등에 달려들어 스스로 목숨을 끊는 걸까요? 그 이유는 불나방이 가로등 불빛을 달이라고 생각하기 때문입니다. 나방은 달빛을 따라 비행하는 습성을 가지고 있는데, 불빛을 달빛으로 착각해 이렇게 자폭행위를 하는 것이라고 합니다.

더 신기한 건 솔방울을 물에 넣으면 벌어져 있던 솔방울이 서서히 닫히기 시작한다는 겁니다. 솔방울 안에는 소나무 씨앗이 들어 있는데 씨앗은 물이 필요하지만 오히려 솔방울이 씨앗을 물로부터 보호한다고 합니다. 그 이유는 씨앗이 멀리 날아갈 수 있도록 젖지 않게끔 하는 것이라고 하네요.

099 바퀴벌레가 머리가 잘려도 살 수 있는 이유

바퀴벌레는 머리가 잘려도 일주일 동안이나 살아남을 수 있다고 합니다. 또한 심한 상처를 입어도 피가 금방 굳어 과다출혈이 일어나지 않는다고 합니다. 그런데 뇌 없이 어떻게 생존할 수 있냐고요? 그건 바퀴벌레의 몸 전체에 신경세포들이 퍼져 있기 때문입니다. 따라서 뇌가 없어도 기본적으로 살아가는 데에는 전혀 문제가 없다고 합니다.

코가 없는데 어떻게 숨을 쉴 수 있냐고요? 바퀴벌레는 코와 입으로 숨을 쉬지 않습니다. 바퀴벌레뿐만 아니라 대부분의 곤충은 몸에 있는 여러 개의 작은 구멍을 통해 호흡합니다. 아니, 그럼 결국 왜 죽는 거냐고요? 그건 입이 없어져 물과 음식을 못 먹기 때문입니다. 만약 물만 먹을 수 있다면 바퀴벌레는 머리가 없어도 훨씬 더 오래 살 수 있을 거라고 하네요.

100 선풍기 틀어 놓고 자도 죽지 않는다

혹시 선풍기를 틀고 자면 사망할 수도 있다는 말 들어 봤나요? 실제로 1969년에 여러 뉴스 매체에서 선풍기를 틀고 자면 죽을 수도 있다는 기사를 실은 적이 있습니다. 그렇다면 선풍기는 진짜로 위험한 걸까요? 결론부터 말하자면, 선풍기를 틀고 자도 괜찮습니다. 그 당시 선풍기가 위험하다고 말했던 이유는 크게 2가지가 있습니다. 바로 저체온증과 질식 가능성입니다.

먼저 체온이 떨어져 죽기 위해서는 체온이 30℃ 이하로 떨어져야 하는데요. 이건 선풍기 바람만으로는 절대 불가능하다고 합니다. 또한 선풍기 바람을 얼굴로 직접 쐬다 보면 호흡 곤란이 올 수도 있다고 하는데요. 그렇다면 오토바이나 자전거를 타고 쌩쌩 달리는 사람들은 이미 그런 상황이 왔어야 합니다. 선풍기 바람만으로는 이 모든 게 불가능한 것이죠.

101 터널 조명은 왜 주황색일까?

차를 타고 달리다가 터널에 들어가 본 경험이 있지요? 터널에 들어가면 주황색 조명이 설치된 걸 볼 수 있는데 터널의 불빛은 대체 왜 주황색인 걸까요? 그 이유는 주황색의 파장이 가장 길기 때문입니다. 다시 말해 주황색이 가장 멀리까지 퍼지는 색이기 때문에 어두운 터널에 주황색 조명을 사용하는 것입니다.

실제로는 빨간색의 파장이 가장 길고 그 다음이 주황색이지만, 빨간색은 심리적으로 무섭기도 하고, 브레이크와 같은 색깔이기 때문에 주황색을 터널의 조명색으로 정했다고 합니다.

102 시리얼의 호랑이와 눈을 마주치지 마세요

제발 호랑이, 사자, 둘리, 그리고 수많은 캐릭터와 눈을 마주치지 마세요. 왜냐고요? 사랑에 빠질 수도 있기 때문입니다. 장난치는 거 아닙니다.

시리얼 박스에 그려진 캐릭터들의 눈을 보면 전부 아래를 향하고 있습니다. 소름 돋지 않나요? 하나도 빠짐없이 전부 아래를 보고 있습니다. 보통 시리얼은 매장 진열대에서 높은 곳에 위치해 있기 때문에 시리얼을 쳐다볼 때 우리는 캐릭터들과 아이컨택을 할 수밖에 없습니다. 그런데 이렇게 눈을 마주치게 되면 신뢰감과 유대감이 생기고, 결국 이 시리얼을 구매할 가능성이 높아지게 된다고 합니다.

그런데 소름 돋는 사실은 전 세계 1위 유튜버 「미스터비스트」의 섬네일도 모두 아이컨택을 하고 있다는 겁니다. 이게 과연 우연일까요? 처음부터 의도된 것 같습니다.

103 인간의 눈에 흰자위가 있는 이유

수많은 동물 가운데 인간만 유일하게 눈에 흰자위가 있습니다. 물론 돌연변이들도 있지만 대부분의 동물은 눈에 흰자위가 없습니다. 인간의 눈이 이렇게 생긴 이유는 바로 협력하기 위해서입니다.

인간은 서로 간의 협력을 통해 생존해 왔기 때문에 서로 간에 시선을 읽을 수 있도록 흰자위가 발달하게 된 것입니다. 동료의 시선을 읽을 수 있으면 굳이 소리를 내지 않고도 사냥을 할 수 있기 때문이지요. 그런데 신기한 사실은 인간과 함께 사는 반려동물의 눈도 이런 식으로 진화하고 있다고 하네요.

104 칭찬해 준 식물은 잘 자라지 않는다

혹시 칭찬해 준 식물이 더 잘 자란다는 말 들어 봤나요? 양파를 2개 심어 놓고, 한쪽에는 욕을 하고 다른 한쪽에는 칭찬을 하면, 욕먹은 양파는 죽고 칭찬받은 양파는 무럭무럭 자라난다는 말이 있습니다. 하지만 이건 사실이 아니라고 합니다.

우선 논리적으로 접근해 보자면 식물은 듣는 기관이 없습니다. 동물 같은 경우에는 귀가 있기 때문에 욕과 칭찬에 반응할 수 있지만, 식물은 아예 무언가를 들을 수 없다고 하네요. 실제로 미국 대중 과학 프로그램인 「호기심 해결사」와 「피키캐스트」에서 실험해 본 결과 오히려 헤비메탈을 들은 식물이나 나쁜 말을 들려 준 식물이 더 잘 자랐다고 합니다. 그런데 듣는 기관이 없는데 어떻게 그런 차이가 났을까요?

105 인간의 목숨을 구하는 돼지

최근 의학계에서는 돼지의 장기를 인간에게 이식하는 특이한 기술이 개발되고 있습니다. '이게 말이 돼?'라고 생각하겠지만, 실제로 사람에게 돼지의 장기를 이식한 사례도 있습니다. 신기한 것은 돼지의 장기를 이식받은 사람이 1개월이 넘는 시간 동안 생존했다는 것입니다.

'좀 더럽지 않은가?'라고 생각했다면 틀렸습니다. 식용으로 길러진 돼지가 아니라 의료 목적을 위해 특별히 길러진 깨끗한 신장을 사용하는 것입니다.

그런데 원래는 인간과 다른 동물 간에는 장기를 공유하는 것이 안 됩니다. 다른 동물의 신장이 들어오게 되면 인간의 면역 체계가 이걸 공격하기 때문입니다. 하지만 최근 돼지의 유전자를 변형해 장기를 이식하기 시작했고, 마침내 면역 거부 반응이 일어나지 않는 단계까지 기술이 발전되었습니다.

106 전자레인지 근처에 있어도 위험하지 않은 이유

　혹시 전자레인지가 작동할 때 근처에 있으면 절대로 안 된다는 말 들어 보지 않았나요? 그렇다면 전자레인지는 정말로 몸에 해로운 걸까요? 대체 왜 전자레인지가 위험하다는 말이 생긴 걸까요?

　이걸 알아보기 위해서는 전자레인지의 원리를 이해해야 합니다. 전자레인지는 마이크로파라는 전자파를 이용해 음식을 데우는 조리 기구인데요. 전자파가 음식에 있는 수분을 빠르게 진동시켜 열을 발생해 음식을 데우는 원리로 작동됩니다. 따라서 이 전자파가 우리 몸에 있는 수분도 같이 진동시킬 수 있다는 것 때문에 전자레인지가 위험하다는 말이 나오게 된 것이라고 합니다.

　그렇다면 전자레인지는 정말로 위험한 걸까요? 결론부터 말하자면, 전자레인지의 전자파는 우리 몸에 그다지 해롭지 않다고 합니다. 전자레인지에서 나오는 전자파가 우리 몸에 유해한 영향을 미치기에는 그 양이 매우 적을뿐더러, 대부분의 전자파는 전자레인지 안에 갇혀 있기 때문에 이 정도의 전자파는 우리 몸에 큰 영향을 미치지 않는다고 합니다.

107　청소기가 먼지를 빨아들이는 원리

　청소기는 어떻게 먼지를 빨아들일 수 있는 걸까요? 청소기의 전원을 켜는 순간, 내부의 모터가 작동하며, 이 모터가 안에 있는 팬을 빠르게 돌립니다. 이렇게 팬이 빠르게 회전하며 청소기 내부의 공기를 밖으로 배출하는데요. 이때 공기가 밖으로 배출되면 내부의 기압이 낮아지게 됩니다. 다시 말해 내부의 공기가 없어지게 되는 것입니다.

　여기서 꼭 알아야 할 건 공기는 고기압에서 저기압으로 이동한다는 겁니다. 청소기 내부의 기압이 낮아졌기 때문에 상대적으로 청소기 외부의 공기가 고기압이 되는데요. 공기는 고기압에서 저기압으로 이동하기 때문에 주변에 있는 고기압인 공기가 청소기 안으로 빨려 들어가며 주변에 있는 먼지를 함께 빨아들이게 됩니다. 그런데 다이슨 청소기는 원심력이라는 다른 원리를 이용해 만들어진 제품이라고 하네요.

108　타이어가 검은색인 이유

　과거부터 지금까지 자동차의 생김새는 다양하게 변화되어 왔습니다. 하지만 타이어의 색깔만큼은 자동차가 처음 발명되었을 때부터 지금까지 계속해서 검은색이었습니다.

그렇다면 타이어는 대체 왜 전부 검은색인 걸까요? 그 이유는 타이어가 검으면 검을수록 타이어의 강도가 좋아지기 때문입니다. 타이어의 주 원료는 고무이지만, 고무의 결점을 보완하기 위해 다양한 화학 물질이 추가된다고 합니다.

이때 석유를 정제한 후 나오는 카본 블랙이라는 검은 분말이 타이어에 추가되는데, 이것을 더하면 내열성이나 강성이 강해져 타이어가 튼튼해지는 것입니다. 다시 말해 검은색이 진하면 진할수록 카본 블랙이 더 많이 추가된 것이고, 더 튼튼한 타이어가 됩니다.

109 한국에서는 토네이도를 볼 수 없는 이유

토네이도는 어떻게 만들어지는 걸까요? 현재까지의 연구 결과에 따르면, 차가운 상층부의 공기가 지상에서 갑작스럽게 올라온 뜨거운 공기를 만나면 토네이도가 만들어지게 된다고 합니다. 하지만 아직 정확한 이유는 밝혀진 게 없기 때문에 몇몇 기상학자는 연구를 위해 직접 토네이도에 들어가 보기도 한다고 합니다. 토네이도가 형성되기 위해서는 평지가 필요한데 한국은 대부분이 산지이기 때문에 토네이도가 발생할 만한 개활지가 적어 토네이도가 거의 없다고 합니다.

한국인이 잘못 알고 있는 특이한 상식

탄 음식을 먹어도 암에 걸리지 않습니다. 탄 음식에는 발암 물질이 들어 있지만 극소량이기 때문에 매일 먹는 게 아니라면 상관이 없다고 합니다.

그리고 비를 맞아도 대머리가 안 됩니다. 비에 들어 있는 산성 농도는 샴푸에 들어 있는 산성 농도보다도 낮기 때문에 비를 맞아도 머리카락은 안전합니다.

그런데 혹시 눈뜬 상태로 재채기를 하면 눈알이 튀어나온다는 말을 들어 봤나요? 이것도 사실이 아니라고 합니다. 실제로 「디스커버리」에서 실험해 봤는데 눈이 튀어나오지 않았습니다.

마지막으로 혀를 깨물면 죽는다고 하는데 이것도 거짓말이라고 합니다. 엄청 아프긴 하겠지만 죽는 건 아니라고 합니다.

111 초등학생도 이해하는 빅뱅 이론

우주는 '펑' 하고 만들어졌습니다. 이걸 어떻게 아냐고요? 당연히 모르죠. '타임머신을 타고 직접 본 것도 아닌데 이걸 어떻게 알아요?'라고 생각할 수도 있지만, 이걸 증명하기 위한 수많은 노력이 있었습니다.

모든 별은 지구로부터 멀어지고 있습니다. 다시 말해 시간이 지날수록 우주가 점점 더 팽창하고 있다는 건데요. 이걸 반대로 생각해 과거로 돌아가면 우주는 점점 축소될 것이고, 그 끝으로 가게 되면 우주는 하나의 점에서부터 시작되었을 것입니다. 이게 바로 빅뱅 이론의 핵심입니다.

'아니 이걸 어떻게 증명해?'라고 생각하겠지만, 실제로 그 증거인 우주배경복사가 발견되었습니다. 우주배경복사란 1948년 미국의 물리학자 조지 가모프에 의해 제안된 빅뱅 이론의 증거입니다. 쉽게 말해 '우주가 폭발했다면 그 열기의 흔적이 우주 어딘가에 남아 있을 것이다.'라는 아이디어에서 출발했습니다.

해당 증거는 1964년 미국 뉴저지 벨 연구소의 연구원이었던 아노 펜지어스와 로버스 윌슨에 의해 발견되었습니다. 이로 인해 가설로만 여겨졌던 빅뱅 이론이 인류의 보편적인 우주관으로 자리 잡게 되었습니다.

112 우주에서 싸우면 어떤 나라 법으로 처벌받을까?

저 멀리 있는 우주에는 국제우주정거장(ISS)이 있습니다. 국제우주정거장은 하나의 국가에서 만든 게 아니라 미국과 러시아를 중심으로 캐나다와 일본 등 16개국이 협력해 만든 것입니다. 우주정거장을 만드는 게 워낙 돈도 많이 들고 기술도 필요하다 보니 다양한 국가에서 함께 힘을 합쳐 만들었습니다. 따라서 국제우주정거장에 상주하는 우주비행사들의 국적도 다양합니다.

그렇다면 이 국제우주정거장에서 우주비행사들끼리 싸우게 되면 어느 나라 법으로 처벌받게 될까요? 우주에서만 적용되는 법이 따로 있는 걸까요? 정답은 우주인의 국적에 따라 처벌받습니다. 1967년 유엔에서 만들어진 국제우주법에 따르면, 우주인의 범죄 행위는 우주인이 속한 자국법에 따라 처벌됩니다. 다시 말해 대한민국 우주인이 우주에서 범죄를 일으키면 대한민국의 법으로 처벌받게 되는 것입니다.

113 하늘에서 태양이 사라졌다

2024년 달이 태양을 정확하게 가리는 현상이 일어나, 인간은 한동안 빛을 볼 수 없게 되었습니다. 이게 단순히 우연이라고 생각하나요?

이건 사실 말도 안 되는 현상입니다. 달이 태양을 정확하게 가리기 위해서는 달의 지름이 3,476km여야 하는데, 실제 달의 지름은 3,476km입니다. 뿐만 아니라 태양은 달보다 400배가 크고, 지구와 태양의 거리는 지구와 달의 거리의 400배에 달합니다. 이 모든 조건이 정확하게 들어맞아야 달이 태양을 가릴 수 있는 것입니다.

과연 이 모든 게 단순한 우연이라고 말할 수 있을까요? 아니면 이 세상은 누군가에 의해 정확하게 설계된 것일까요?

114 점점 커지고 있는 서울 한강의 무인도

서울 한강에도 무인도가 있다는 사실 알고 있었나요? 심지어 이 섬은 점점 커지고 있습니다. 바로 한강에 위치한 밤섬입니다. 과거에는 배를 만드는 목수들이 살았던 섬인데 1960년대에 여의도를 개발하며 흙과 모래를 공급하기 위해 이 섬을 폭파했다고 합니다.

그런데 시간이 지날수록 강의 퇴적 작용이 반복되며 다시 섬이 생겨나게 되었고, 시간이 지날수록 그 크기가 커지고 있습니다. 지금은 무려 축구장 41개 정도의 규모까지 커졌다고 합니다. 현재 밤섬에는 사람이 살고 있지 않기 때문에 수많은 동식물이 살고 있다고 하네요.

115 호주보다도 달의 크기가 작다

　달은 굉장히 작습니다. 얼마나 작냐고요? 지구에 있는 호주보다도 더 작습니다. 실제로 현재 외국에서 논란이 되고 있는 사실인데요. 달이 지구보다 작은 건 누구나 아는 사실이지만, 어떻게 지구에 있는 한 대륙보다도 더 작은 걸까요?

　실제로 호주의 대략적인 크기는 가로 4,000km, 세로 3,860km이지만 NASA에서 밝힌 달의 지름은 약 3,476km입니다. 가로 기준으로 보면 호주보다 무려 524km나 더 작습니다. '이게 말이 돼?'라는 생각이 들어 진실을 찾아본 결과 이 주장은 틀렸습니다.

　우리가 간과한 사실은 호주는 평평하고 달은 구형이라는 것입니다. 단순히 가로, 세로 길이를 비교해 보면 호주가 달보다 더 크지만, 실제 표면적의 크기는 달이 호주보다 무려 5배나 더 큽니다.

116 만약 지구에서 먼지가 사라진다면

　미세먼지 때문에 힘들었던 적이 있지요? 그때 '지구상의 모든 먼지가 사라졌으면 좋겠다.'라고 생각했을 것입니다. 하지만 먼지는 비와 눈을 만드는 핵심 역할을 하기 때문에 먼지가 사라지면 생태계가 파괴

될 수 있습니다.

뿐만 아니라 먼지가 사라지게 되면 아름다운 저녁노을이나 새하얀 뭉게구름도 볼 수 없게 됩니다. 인간이 만들어 내는 먼지는 우리의 건강을 위협하고 지구의 생태계도 파괴하지만, 자연 속에서 발생하는 먼지는 사실 생태계를 유지하는 데 굉장히 큰 역할을 하고 있습니다. 이렇게 보면 세상에 필요 없는 건 하나도 없습니다.

117 매년 가라앉고 있는 나라들

실제로 뉴욕은 매년 1~2mm가량 가라앉고 있습니다. 그 이유는 뉴욕에 엄청나게 많은 건물이 있기 때문인데요. 이 건물의 무게가 대략 코끼리 1억 4,000만 마리의 무게와 같다고 합니다. 따라서 땅이 가라앉는 동시에 해수면이 상승하며 뉴욕이 점점 사라지고 있는 것입니다.

충격적인 사실은 우리나라의 제주도와 부산도 점점 가라앉고 있습니다. 실제로 매년 3mm 정도 해수면이 상승해, 2030년에는 부산 해운대가 물에 잠길 수도 있다고 합니다. 투발루라는 나라는 이미 사라지고 있고, 인도네시아도 섬이 가라앉고 있어 조만간 수도를 다른 곳으로 옮긴다고 하네요.

118 이것만 있으면 지구온난화를 해결할 수 있습니다

분필만 있으면 지구온난화가 한 방에 해결 가능합니다. 어떻게 가능하냐고요? 분필을 구성하는 성분은 탄산칼슘인데, 이 탄산칼슘이 지구온난화를 해결할 수 있습니다.

비행기로 성층권에서 탄산칼슘을 뿌리면 탄산칼슘이 지구를 둘러싸게 되고, 이걸로 태양열을 반사해 지구의 온도를 인위적으로 낮출 수 있습니다. '이게 말이 돼?'라고 생각하겠지만, 이건 실제 사례로부터 얻은 아이디어입니다.

1991년에 필리핀 피나투보 화산이 폭발하며 화산재와 황산이 성층권에 퍼졌는데, 이로 인해 3년 동안 실제로 지구의 온도가 낮아졌습니다. 여기서 탄산칼슘을 인위적으로 퍼뜨려 기온을 떨어뜨리는 아이디어를 고안해 낸 것입니다. 하지만 어떤 부작용이 있을지 몰라 아직 실행하지 못하고 있습니다.

119 인구 20만 명인 쓰레기로 만들어진 섬나라

신기하게도 이 섬에는 국기, 여권, 화폐, 우표 그리고 20만 명 이상의 시민도 있다고 합니다. 심지어 이 섬의 크기는 대한민국의 16배나 된다고 하는데, 여기는 대체 어떤 곳일까요?

이 섬은 태평양 대쓰레기장으로도 불리는 GPGP라는 곳입니다. 무려 1조 8,000억 개의 쓰레기가 모여 만들어진 거대한 쓰레기 섬입니다. 2017년 환경 전문가들이 이 섬을 정식 국가로 만들어야 한다며 UN에 요청하기도 했습니다. 국가로 승인되면 UN법에 따라 주변국들이 여기를 청소해야 할 의무가 생기기 때문입니다. 이때 수많은 사람이 자발적으로 이 섬의 시민이 되었습니다. 아직도 이 섬에는 매년 쓰레기가 쌓이고 있습니다.

120 인도네시아가 466조 루피아(약 40조 원)를 써서 수도를 옮기는 이유

인도네시아가 466조 루피아(약 40조 원)를 사용해 수도를 옮길 계획이라고 합니다. 우리나라의 세종시를 벤치마킹하려고 하는 것인데요. 그 이유는 나라가 가라앉고 있기 때문입니다.

인도네시아의 수도 자카르타는 매년 최대 30cm 정도 가라앉고 있고, 이 속도라면 2050년에는 북부의 대부분이 침수될 수도 있다고 합니다. 지하수를 엄청 많이 뽑아 쓰다 보니 이렇게 땅이 가라앉게 된 것이라고 하네요. 수도가 가라앉는 또 다른 이유는 이곳에만 엄청나게 많은 인구가 밀집되어 있기 때문입니다. 무려 1억 5,000만 명이나 되는 사람이 한 지역에 몰려 살고 있다고 하네요.

한국에는 널려 있는데
멸종위기종인 나무

이 나무는 조만간 지구상에서 사라지게 될 수도 있습니다. 공룡시대부터 지금까지 살아남은 생명체라고 하는데요. 이 나무의 정체는 뭘까요?

멸종위기종으로 지정된 이 나무의 정체는 바로 은행나무입니다. 특이하게도 인류가 멸종하면 함께 멸종하게 될 거라고 합니다. 왜냐하면 야생에서 스스로 자라는 은행나무는 거의 없기 때문입니다.

은행나무는 자연 상태에서의 번식이 어려운데, 은행 열매는 냄새도 나고 심지어 독까지 들어 있어 새나 다른 동물들이 먹이로 생각하지 않기 때문입니다. 따라서 인간이 심어 주지 않는 이상 번식을 못한다고 합니다. 과거에는 초식공룡들이 은행 열매를 먹었을 거라고 추측하지만, 지금은 공룡이 멸종해 인간이 없으면 사라지게 될 수도 있다고 합니다.

6

아는 척하기
딱 좋은
패션 & 스포츠 &
미스터리 이야기

122 결혼반지는 왜 왼손 약지에 낄까?

결혼반지나 커플링은 보통 왼손 네 번째 손가락에 낍니다. 그런데 커플링은 대체 왜 왼손 네 번째 손가락에 끼는 걸까요?

여기에는 여러 가지 설이 있는데, 그중 가장 유력한 설은 고대 그리스에서부터 출발했다고 합니다. 그 당시 사람들은 왼손 약지에 심장과 연결된 굵은 혈관이 있다고 믿었습니다. 그 당시에는 심장이란 마음을 뜻했기 때문에 왼손 약지에 결혼반지를 끼는 것이 영원한 사랑을 상징하게 되었다고 합니다.

123 북한 김정은이 샌들을 신고 다니는 이유

김정은은 한겨울에도 구멍이 숭숭 뚫린 샌들을 신고 있습니다. 실제로 수많은 사진에서 하나같이 괴상한 샌들을 신고 있는 걸 볼 수 있는데요. 그 이유는 김정은이 앓고 있는 질병 때문이라고 합니다.

실제로 김정은은 족근관중후군으로 인해 수술까지 받았다고 합니다. 고도비만에 흡연, 당뇨까지 겹쳐 건강이 안 좋아졌다고 합니다.

124 세상에서 가장 튼튼한 슬리퍼

뜯고, 던지고, 반으로 접어도 절대 뜯어지지 않는 세상에서 가장 튼튼한 슬리퍼는 바로 대한민국 군대에서 사용하는 형광색 슬리퍼입니다. 이것은 군필자라면 누구나 공감한다는데요. 이 슬리퍼는 대체 왜 이렇게 튼튼한 걸까요?

그 이유는 이 슬리퍼가 에바(EVA)라는 소재로 만들어졌기 때문입니다. 에바는 에틸렌과 비닐아세테이트라는 성분이 합쳐져 만들어진 소재인데요. 보통 폼롤러나 요가매트에 사용되는 소재로 신축성과 내구성이 좋습니다.

그런데 신기한 건 원래부터 군대 슬리퍼가 이렇게 튼튼하지는 않았습니다. 오히려 옛날에는 슬리퍼가 너무 잘 끊어져서 문제였다고 합니다. 당시 근무 중이던 사단장이 슬리퍼를 바꿔야 한다고 강력하게 요청했고, 이게 받아들여져 지금 이렇게 튼튼한 슬리퍼로 바뀌게 되었다고 합니다.

스님이 머리카락을 짧게 자르는 이유

스님이 머리카락을 자르는 행위는 석가모니로 불리는 고타마 싯다르타에서부터 시작했다고 합니다. 싯다르타는 왕자의 신분을 버리고 출가를 결심한 뒤, "치렁치렁한 머리카락은 사문 생활에 들어가려는 나에게 적합하지 않다."라며 검을 뽑아 스스로 수염과 머리카락을 잘랐다고 합니다. 이런 석가모니의 행동에서 머리카락을 자르는 전통이 시작했다고 합니다.

뿐만 아니라 『율장』에도 머리카락을 잘라야 한다는 말이 있습니다. 『율장』은 불교에서 따라야 하는 계율을 기록한 문헌인데, 여기에 곱게 기른 머리카락이나 수염은 출가자에게 여러 방해 요인을 주기 때문에 반드시 깎아야 한다는 내용이 있습니다. 실제로 불교에서는 머리카락이 번뇌와 망상을 상징하기 때문에 잡념을 끊어 내겠다는 의지의 표현으로 머리카락을 자른다고 합니다.

웨딩드레스는 왜 흰색일까?

웨딩드레스는 대체 왜 흰색인 걸까요? 이것을 알아보기 위해서는 1840년의 영국으로 거슬러 올라가야 합니다. 당시 영국의 빅토리아 여왕이 결혼식을 올릴 때 흰색 웨딩드레스를 입었습니다. 이후 빅토리아 여왕을 따라 여성들이 흰색 웨딩드레스를 입기 시작했고, 결국 모든 사람이 흰색 웨딩드레스를 입게 된 것입니다.

127 장례식에서 왜 검은색 옷을 입을까?

장례식장에 가면 모두 검은색 옷을 입고 있습니다. 그렇다면 대체 장례식장에서는 왜 검은색 옷을 입어야 하는 걸까요?

여기에는 여러 가지 설이 있는데, 그중 가장 유력한 설은 장례식장에서 만나게 될 귀신으로부터 자신을 보호하기 위해서라고 합니다. 서양 사람들은 귀신이 검은색을 보지 못한다고 생각

했기 때문에 장례식장에서 검은색 옷을 입기 시작했다고 합니다. 이런 문화가 들어오면서 우리나라에서도 장례식장에서 검은색 옷을 입게 되었습니다.

128 크록스를 신으면 큰일 나는 나라

크록스를 신는 게 불법인 나라가 있습니다. 발이 보여서 안 되는 게 아니라 진짜 크록스만 불법이라고 합니다. 이 이상한 나라의 정체는 바로 슬로우자마스탄입니다.

사실 공식적인 나라는 아니고, 라디오 DJ로 활동하는 미국인 랜디 윌리엄스가 만든 나라인데요. 캘리포니아에 있는 땅을 사서 스스로 국가를 선포했습니다. 여기서는 크록스를 신는 게 불법이고, 만약 신었다가 적발되면 크록스로 머리를 1대 맞는 형벌에 처해진다고 합니다. 신기한 건 1년에 딱 하루, 6월 31일에는 크록스를 신는 게 가능하다고 합니다. 그런데 6월은 30일까지 있기 때문에 사실상 평생 금지나 마찬가지라고 하네요.

129 하이힐은 원래 남성용 신발이었다

보통 하이힐은 여성용 신발이라고 생각하지만 과거에는 남자들이 주로 신었다고 합니다. 하이힐이 맨 처음에 등장한 건 고대 그리스였는데, 당시 연극 무대에서 배우들이 신던 신발이 바로 하이힐의 원조라고 합니다. 이후 중세 유럽에서 기병대가 하이힐을 본격적으로 신기 시작했는데 말에 올라탈 때 말안장에 발을 안정적으로 걸기 위해서라고 합니다.

130 끔찍한 전쟁을 멈춘 아프리카의 축구선수

1987년 아프리카 서부에 있는 나라인 코트디부아르는 파산하게 되었습니다. 이때 이주민이 많이 살고 있던 북부 지역의 주민들은 남부 지역 사람들이 부패했기 때문에 이렇게 된 것이라고 문제를 제기했고, 그때부터 북부와 남부 지역 간에 다툼이 잦았습니다.

결국 코트디부아르에서는 2002년부터 북부와 남부 지역 간에 내전이 발생했습니다. 내전이 계속해서 이어지던 2005년에 기적 같은 일이 일어났습니다. 코트디부아르 축구 대표팀이 사상 처음으로 월드컵 본선에 진출하게 된 것입니다. 이때 대표팀의 공격수였던 디디에 드로그바는 카메라 앞에서 무릎을 꿇고 간절하게 말했습니다.

"국민 여러분, 단 일주일만이라도 무기를 내려놓고 전쟁을 멈춰 주세요."

실제로 이 간절한 한마디 덕분에 기적처럼 일주일간 전쟁이 멈추게 되었고, 이렇게 시작된 평화로 인해 이후 2011년 코트디부아르의 내전이 공식적으로 종결되었습니다.

131 앞으로 축구에서 볼 수도 있는 오렌지카드

조만간 오렌지카드를 축구에서 보게 될 수도 있습니다. 축구의 규정을 결정하는 IFAB에서 이 오렌지카드를 실전에 도입할 것이라고 합니다.

이 카드는 옐로카드와 레드카드의 중간 카드입니다. 경고를 줘야 하는데 퇴장을 시킬 정도는 아닌 상황에서 이 오렌지카드를 사용할 예정이라고 합니다.

이걸 받으면 일시적으로 퇴장했다가 시간이 지나면 다시 들어오게 된다고 합니다. 신기하게도 옛날에는 그린카드가 있었다고 합니다. 이건 가장 페어플레이를 한 선수들에게 주는 카드였다고 하네요.

132 중국이 축구를 못하는 과학적인 이유

중국은 왜 축구를 잘하지 못할까요? 돈도 많고, 인구도 많고, 심지어 국가 주석이 축구를 좋아해서 엄청난 지원까지 해 주는데 왜 맨날 경기에 나가면 지는 걸까요? 그 이유를 알려 드리겠습니다.

1. 중국은 1980년대부터 한 자녀 정책을 시행해 모든 아이가 외동으로 대접받으며 자라 왔습니다. 따라서 여러 명이 팀을 이뤄 움직이는 팀 스포츠에 굉장히 취약하다고 합니다.

2. 중국에서는 축구선수들이 엄청난 돈을 받고 있습니다. 따라서 굳이 해외 진출을 할 필요가 없다 보니 세계적인 경쟁에서 계속 도태되고 있습니다.

3. 중국에는 꽌시라는 인맥 문화가 있는데, 이게 엄청 중요해서 실력보다는 인맥이 있어야 프로 선수가 될 수 있다고 합니다. 한마디로 돈이 없으면 성공하기 어렵습니다.

133 축구선수들의 가장 어이없는 부상 3가지

축구선수들이 축구 경기를 하는 상황에서가 아니라 너무나 어이없게 부상을 입은 경우가 있습니다.

1. 리오 퍼디낸드 : 영국의 축구선수였던 퍼디낸드는 2001년에 집에서 플레이스테이션 게임을 하다가 갑자기 무릎 부상을 당하게 되었습니다. 테이블 위에 다리를 올려놓은 채로 몇 시간 동안 게임을 즐겼는데 결국 무릎이 삐어 버린 것입니다.

2. 데이비드 베티 : 영국의 축구선수였던 베티는 두 살배기 딸이 세발자전거로 자신의 발목을 치는 바람에 발목 인대 부상을 당했습니다. 이미 무릎 부상으로 고생하고 있던 차에 세발자전거에 치여 부상 기간이 더 길어지게 되었습니다.

3. 칙 브로디 : 영국의 골키퍼였던 브로디는 경기장에 난입한 개와 충돌해 무릎을 다쳐 결국 은퇴하게 되었습니다.

갑자기 사라져 버린
부산 앞바다의 작은 섬

부산 앞바다에 있던 토도라는 작은 섬이 흔적도 없이 사라져 버렸습니다. 축구장 3배 크기의 작고 아담한 섬이었는데, 대체 이 섬은 어떻게 사라진 걸까요?

토도가 사라지게 된 이유는 굉장히 위험한 곳에 위치했기 때문입니다. 부산의 컨테이너항 중앙에 위치하여 선박들이 부딪힐 위험이 높았기 때문에 결국 없애 버리게 되었습니다. 2017년부터 바다 한가운데에 있는 섬을 통째로 제거하기 시작했고, 3년 동안 섬을 파낸 결과 지금은 흔적도 없이 완벽하게 사라지게 되었습니다.

하나 더 알려 주자면, 현재 우리나라에서 가장 큰 무인도는 인천에 있는 선미도라는 섬입니다. 원래는 사람이 살았지만 지금은 무인도가 되었다고 하네요.

135 들어가면 사망하는 인도의 저주받은 마을

인도의 반가라 마을에는 밤에 절대 들어갈 수 없습니다. 실제로 마을 입구에는 '일몰 이후부터 일출 전까지 출입을 금한다.'라는 정부의 표지판까지 붙어 있는데요. 한때는 1,300명의 주민이 살던 곳이지만 전쟁과 기근으로 인해 모든 사람이 사망하게 되었고, 결국 지금은 아무도 살지 않는 폐허가 되었습니다.

여기가 공포의 마을로 불리게 된 이유는 해가 진 후 이곳에 들어간 수많은 사람이 전부 사망했기 때문입니다. 이건 바로 주술사의 저주 때문이라고 합니다. 17세기에 한 주술사가 바위에 깔려 죽어 가던 중 마을에 저주를 걸어 이런 일이 벌어지게 된 것이라고 합니다.

하지만 실제로는 이 저주 때문에 사람들이 사망하게 된 것은 아닙니다. 이곳에 맹수나 강도가 많아 밤에 들어가면 사망할 확률이 높은 것입니다. 심지어 인도 주정부에서 관광객을 모으기 위해 일부러 꾸며 낸 이야기라는 말도 있습니다. 낮에는 수많은 사람이 놀러 가고, 학교에서 소풍도 간다고 합니다.

주의해야 할 것은 이 마을에 있는 경고 표지판에는 여기서 자라는 식물들을 절대 캐 가지 말라는 경고가 붙어 있습니다. 이걸 어기면 법적 처벌도 받을 수 있다고 하네요.

136 239명의 승객이 순식간에 사라진 사건

2014년 중국 베이징으로 가던 말레이시아 항공기가 순식간에 사라져 현재까지 실종 상태입니다. 단 2분 만에 공중에서 사라졌습니다. 충격적인 사실은 해당 비행기의 마지막 신호가 호주 인근 인도양에서 발견되었다는 것입니다.

이게 왜 소름 돋는 이야기인가 하면 말레이시아에서 중국으로 가던 비행기인데 전혀 반대 방향인 인도양에서 발견되었기 때문입니다. 대체 이 비행기는 왜 흔적도 없이 사라져 버린 걸까요? 그 이유로는 다음 2가지를 추측합니다.

1. 비행기가 납치되었다. : 실제로 해당 비행기에는 분실 여권을 사용한 탑승객이 있었다고 합니다. 하지만 비행기가 납치되었다면 어떤 목적이 있었을 텐데 아직까지 아무런 흔적도 찾아볼 수 없습니다.

2. 기장이 삶을 포기했다. : 실제로 기장의 컴퓨터를 조사해 보니 인도양에서 비상 착륙 시뮬레이션을 돌린 흔적들이 발견되었습니다. 하지만 비행은 부기장과 함께 하는 것이기 때문에 이것도 추측에 불과합니다.

137 바다가 없는데 해군이 있는 나라

바다가 없는데 해군을 보유한 특이한 나라가 있습니다. 무려 173척의 함정과 잠수함, 심지어 남미 최강의 해병대를 보유하고 있는데요. 대체 왜 그런 걸까요?

이 나라의 정체는 바로 볼리비아입니다. 볼리비아는 남미 최빈국으로 꼽히던 가난한 나라인데요. 이렇게 여유가 없는데도 해군에 돈을 쏟는 이유는 바로 바다를 되찾기 위해서라고 합니다.

원래 태평양을 끼고 있는 칠레의 북쪽 땅이 볼리비아 땅이었는데, 1883년 칠레와의 전쟁에서 패한 뒤 이 땅을 빼앗기게 되었다고 합니다. 이로 인해 호수에서 해군을 훈련하며 이를 갈고 있다고 합니다. 여기서 충격적인 사실은 지금 이 호수마저 사라지고 있다는 것입니다. 기후 변화와 물 남용으로 인해 매년 1억 2,000만 톤의 물이 사라지는 중이라고 하네요.

138 전쟁에서 사람을 죽이지 않고도 명예 훈장을 받은 군인

제2차 세계대전 당시 미국의 청년들은 나라를 지키기 위해 군대에 입대하기 시작했습니다. 이때 종교적인 이유로 비폭력주의를 지지했던 데즈먼드 도스도 의무병으로 자진해서 입대했는데요. 도스는 비폭력주의를 지지했기 때문에 훈련 기간 동안 총을 들지 않았고, 따라서 동료들의 비난과 조롱을 받고 끝내 군사재판까지 받았습니다.

결국 재판을 통해 무기 없이 참전하는 것을 허락받은 도스는 일본 오키나와 전투에 파견되었습니다. 이때 도스는 팔이 부러지고 다리에 수류탄이 박히는 부상을 입은 와중에도 홀로 75명의 부상병을 구했고, 이런 공을 인정받아 총을 들지 않은 군인으로서는 최초로 명예 훈장을 받게 되었습니다. 이후 이 이야기는 「핵소 고지」라는 영화로도 만들어지게 되었습니다.

139 풍선으로 만든 가짜 무기가 유행하는 이유

　최근 풍선으로 만든 무기가 불티나게 팔리고 있다고 합니다. 실제로 체코의 풍선 장비 업체의 생산량이 무려 100%나 급증했다고 하는데, 대체 어떻게 된 일일까요?

　풍선 무기는 탱크, 장갑차, 전투기 등 30가지 이상의 무기를 본떠 제작된다고 합니다. 이 풍선은 조금만 멀리서 보면 풍선인지 실제인지 감별이 불가능할 정도로 똑같이 생겼다고 하는데요.

　이게 현재 불티나게 팔리는 이유는 미사일 가격이 이 풍선 장비보다 4~20배 정도 더 비싸다 보니, 적군이 착각해서 이 풍선을 쏘게 되면 경제적으로 큰 손실을 입힐 수 있기 때문이라고 합니다. 심지어 이 풍선은 열을 발생할 수도 있어 적군의 열화상 레이더에도 포착된다고 하네요.

7

아는 척하기
딱 좋은
인체 이야기

140 가운뎃손가락이 욕이 된 이유

가운뎃손가락을 올리는 행위는 고대 그리스에서 남성의 성기를 의미했습니다. 그런데 이게 시간이 지나면서 점점 욕이 되었다고 합니다. 쭉 뻗은 가운뎃손가락이 음경, 양쪽에 웅크린 손가락이 고환을 상징했고, 이로 인해 가운뎃손가락을 올리는 게 남성의 성기를 형상화하게 된 것이라고 합니다. 당시 상대방에게 모욕감을 주기 위해 이런 손동작을 했고, 결국 이때부터 가운뎃손가락이 욕으로 쓰이게 되었다고 합니다.

141 감정에 따라 눈물의 맛이 달라지는 이유

눈물을 흘린 적이 있나요? 슬퍼서 울 때도 있고, 기뻐서 울 때도 있고, 화가 나서 울 때도 있습니다. 신기하게도 우는 이유에 따라 눈물의 맛이 달라진다고 합니다. 슬플 때나 기쁠 때 흘리는 눈물은 물맛이 강하고, 억울하거나 화날 때 흘리는 눈물은 짠맛이 강하다고 합니다. 그 이유는 우는 이유에 따라 눈물샘에서 반응하는 신경이 달라져 눈물에 포함된 나트륨의 양이 달라지기 때문입니다.

142 모기에 물리면 간지러운 이유

사람들이 가장 싫어하는 곤충 1위는 바로 모기입니다. 모기한테 물리면 꽤 간지러운데, 대체 왜 간지러운 걸까요? 모기가 우리 피부에 침을 꽂으면 히루딘이라는 성분이 우리 몸속으로 들어옵니다. 이때 우리 몸은 면역 반응을 일으키게 되는데, 면역 체계

가 싸우면서 치료되는 과정으로 인해 모기에 물린 부위가 간지럽게 되는 것입니다.

모기 물린 곳이 가렵다고 손톱으로 십자가를 만들면 안 됩니다. 이러면 손톱에 있는 세균에 의해 2차 감염이 이뤄질 수도 있기 때문입니다. 십자가를 그리면 일시적으로 간지럽지 않은 이유는 손톱으로 누르는 통증이 가려움보다 더 세기 때문입니다. 한마디로 다른 통증으로 인해 잠시 시선을 돌리는 것일 뿐입니다. 마찬가지로 모기 물린 곳에 침을 바르면 세균이 침투할 수도 있습니다.

그럼 어떻게 해야 하냐고요? 가장 좋은 방법은 모기약을 바르는 것입니다. 만약 약이 없다면 뜨거운 물에 물린 부위를 담그거나, 얼음찜질을 하는 것도 피부를 진정시키는 데 효과가 있다고 합니다.

143 긴장하면 왜 소변이 마려울까?

긴장했을 때 소변이 마려웠던 경험이 있지요? 왜 긴장하면 소변이 마려운 걸까요? 우리 몸에서 소변을 저장하는 방광은 원래 고무공처럼 늘어나기 때문에 최대 600ml에서 800ml까지의 소변을 저장할 수 있습니다. 하지만 긴장하게 되면 교감신경이 작용해서 방광이 수축하게 됩니다. 이로 인해 소변이 충분히 쌓이지 않았는데도 소변이 마렵게 되는 것입니다.

144 남자에게 젖꼭지가 달려 있는 이유

남자에게는 대체 왜 젖꼭지가 달려 있는 걸까요? 여자처럼 모유 수유를 할 수 있는 것도 아닌데 왜 쓸모도 없는 부위가 달려 있는 것인지 생각해 본 적 있나요? 실제로 남성의 젖꼭지는 생존에 전혀 필요하지 않은 부위임에도 불구하고 모든 남성에게 달려 있습니다. 그렇다면 대체 그 이유는 무엇일까요?

그 이유는 성별이 구분되기 전인 태아 상태에서 젖꼭지가 만들어지기 때문입니다. 실제로 뱃속에서 아기가 막 생겨날 때는 성별이 정해져 있지 않다가 시간이 지나면서 성 분화가 일어나고, 이에 맞게 태아의 모양이 바뀌게 되는 것입니다. 다시 말해 젖꼭지는 성별이 정해지기 전에 생기기 때문에 남녀 상관없이 모두 젖꼭지가 있는 것입니다.

145 당신이 광대를 무서워하는 과학적인 이유

혹시 광대를 보면 공포감을 느끼나요? 그렇다면 당신은 정상입니다. 무려 53.5%의 사람이 광대를 무서워하는 광대공포증을 앓고 있다고 합니다. 최근 이 광대공포증의 원인이 과학적으로 밝혀져 화제가 되었습니다.

영국 사우스웨일즈대학교 연구팀은 광대공포증의 원인을 파악하기 위한 실험을 진행했습니다. 조사 결과 사람들이 광대를 무서워하는 이유는 단순히 섬뜩한 메이크업 때문만이 아니라 메이크업 속에 가려진 확인할 수 없는 표정 때문이라고 합니다. 다시 말해 광대가 무슨 생각을 하는지, 어떤 일을 저지를지 예상할 수 없기 때문에 광대를 보면 불안감과 공포감을 느끼게 되는 것이라고 합니다.

146 밥을 안 먹어도 똥이 나올까?

똥의 정체가 음식물 찌꺼기라는 사실은 다들 알고 있지요? 그렇다면 음식물을 먹지 않으면 똥이 나오지 않게 될까요? 결론부터 말하자면, 음식물을 아예 먹지 않아도 똥은 여전히 나옵니다. 똥에는 음식물 찌꺼기뿐만 아니라 장내 세균이나 장벽에서 떨어진 점막 등도 포함되어 있기 때문입니다. 따라서 단식을 해도 횟수나 양은 줄지만 똥은 나옵니다.

147 부끄러울 때 얼굴이 빨개지는 이유

부끄러울 때 얼굴이 빨개지는 이유는 아드레날린 때문입니다. 부끄러운 상황에 처하게 되면 아드레날린이라는 호르몬이 분비됩니다. 이 호르몬은 심장 박동을 증가시켜 혈액을 증가시키고, 이렇게 증가된 혈액이 머리 쪽으로 집중 공급되기 때문에 부끄러운 상황에 처하게 되면 얼굴이 빨개지는 것이라고 합니다. 이때 혈액이 머리 쪽으로 집중되는 이유는 뇌를 빨리 돌아가게 만들어 눈앞에 닥친 상황을 신속히 해결할 방안을 찾기 위해서라고 하네요.

148 상처가 났을 때 딱지가 생기는 이유

어딘가에 부딪혀서 상처가 났던 경험이 있지요? 상처가 나고 시간이 지나면 다친 부위에 딱지가 생기는 걸 확인할 수 있습니다. 그렇다면 이 딱지는 대체 왜 생기는 걸까요?

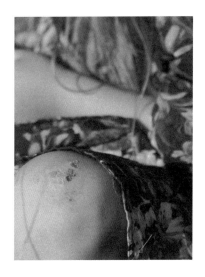

이걸 알아보기 위해서는 피에 대해 먼저 이해해야 합니다. 피는 적혈구와 백혈구, 혈소판으로 구성되어 있습니다. 여기서 혈소판은 보통 피를 멈추게 하는 역할을 하는데, 상처가 나면 이 혈소판이 상처로 몰려와 엉겨 붙게 되면서 딱지가 만들어지게 되는 것이라고 합니다.

다시 말해 피가 굳어져서 만들어지는 게 바로 딱지인데, 이 딱지는 피가 나는 것을 막아 주고, 세균이 상처를 통해 더 이상 우리 몸에 들어오지 못하게 하는 역할을 합니다. 이 딱지 아래에서 백혈구가 이미 들어온 세균을 없애면서 새 살이 점점 돋아나게 되는 것입니다.

149 부딪히면 시퍼렇게 멍이 생기는 이유

어딘가에 부딪혀서 멍이 생겼던 경험이 다들 한 번쯤은 있지요? 대체 멍은 왜 생기는 걸까요? 멍이 무엇인지에 대해 말하자면, 멍은 혈관 밖으로 나온 적혈구(피)입니다. 쉽게 말하면 피부 안에서 피가 났는데 피부에 상처가 없을 경우 밖으로 나오지 못하고 피부 안에 고이게 되면서 멍이 되는 것입니다.

적혈구(피)는 산소를 운반하기 위해 몸의 이곳저곳을 돌아다니는데, 이 적혈구가 다니는 길이 바로 모세혈관이고, 이 모세혈관이 외부의 충격으로 인해 파괴되면 적혈구가 나오면서 멍이 생기게 되는 것입니다.

150 왼손잡이가 비정상 취급을 받았던 이유

1990년대만 해도 왼손잡이들이 차별을 받았습니다. 아이가 왼손을 사용하면 오른손을 사용하라며 무리하게 교정을 시켰으며, 심지어 국가에서도 오른손을 바른손으로 표기했습니다. 당시만 해도 왼손잡이들은 모두 비정상 취급을 받았습니다.

신기한 사실은 왼손잡이가 오른손잡이에 비해 싸움을 더 잘한다는 것입니다. 실제로 영국 맨체스터대학교 연구팀은 왼손잡이가 싸움을 더 잘한다는 사실을 증명해 냈는데요. '이게 말이 돼?'라고 생각하겠지만, 왼손잡이가 소수이기 때문에 패턴을 파악하기 힘들어서 싸움을 더 잘하는 것이라고 합니다.

151 우리 몸에서 가장 더러운 부위

미국 조지워싱턴대학교 연구진이 5년간 진행한 연구 결과에 따르면, 우리 몸에서 가장 더러운 부위는 배꼽, 발가락 사이, 그리고 귀 뒤라고 합니다. 배꼽이나 발가락은 많이 알고 있지만, 귀 뒤가 더러운 곳이었다는 건 많은 사람이 처음 알게 되었다고 합니다.

그러다 보니 상대적으로 건강에 해로운 미생물들이 귀 뒤에 많이 서식하고, 퀴퀴한 냄새도 난다고 합니다. 그 이유는 대부분의 사람이 귀 뒤를 의식하고 씻지 않는 데다가 노넨 알데하이드라는 냄새나는 물질이 나오기 때문이라고 하네요.

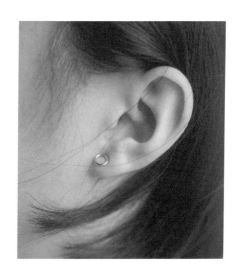

152 운전하는 사람은 멀미를 하지 않는 이유

차만 타면 멀미를 하는 사람이 있지요? 멀미가 심한 사람들은 차를 타고 장기간 이동하는 게 매우 힘듭니다. 그런데 차를 운전하는 사람은 멀미를 하지 않습니다. 왜 그럴까요? 차멀미를 하는 이유는 내가 움직임을 예측할 수 없는데 내 몸이 차의 방향에 따라 움직이기 때문이라고 합니다. 반면 운전자는 직접 앞을 보고 운전을 하기 때문에 어느 방향으로 갈지 움직임을 예측할 수 있어서 멀미가 나지 않는 것입니다.

153 자다가 갑자기 움찔하는 이유

혹시 자다가 갑자기 몸이 움찔하며 잠에서 깬 경험이 있나요? 왜 이런 현상이 발생하는 걸까요? 이 증상은 수면 놀람증이라고 불립니다. 사람이 잠을 자면 근육이 점점 풀어지게 되는데, 이때 피로나 스트레스가 심하면 몸이 긴장 상태를 유지하려고 합니다. 따라서 근육의 이완이 정상적으로 이루어지지 않아 우리 몸이 깜짝 놀라게 되어 잠에서 깨는 것입니다.

154 집먼지진드기에게 물렸을때 증상

혹시 침대에 누우면 재채기를 한다든가, 피부가 가렵다든가, 눈이 충혈되고 간지럽다면 집먼지진드기를 의심해야 합니다. 집먼지진드기에 물렸을 때 나타나는 5가지 증상이 있습니다.

1. 숨 쉬는 게 힘들다.

2. 마른기침을 계속 한다.

3. 피부가 가렵다.

4. 재채기가 심해진다.

5. 눈이 건조하고 가렵다.

만약 침대에 누웠을 때 해당 증상이 발생한다면 당장 이불과 베개커버를 세탁하는 걸 추천합니다. 이걸 방치했다가는 천식이나 아토피까지 생길 수도 있습니다.

만약 빨래가 귀찮다면 적어도 햇빛에 일광건조를 시키든지, 먼지떨이로 이불을 아주 세게 때리는 것을 추천합니다. 집먼지진드기는 충격에 취약해 몇 번 때리기만 해도 내장파열로 사망한다고 합니다.

155 하품을 하면 왜 눈물이 날까?

보통 슬픈 일이 있을 때 눈물을 흘립니다. 그런데 하품할 때도 가끔 눈물이 나는데, 이때는 왜 눈물이 나는 걸까요? 그 이유는 하품을 하면 얼굴 근육이 움직이고, 이때 움직인 근육이 눈물샘을 자극하기 때문입니다. 이렇게 눈물샘이 자극을 받음으로써 눈물이 흘러나오게 되는 것입니다.

8

아는 척하기
딱 좋은
한국 & 해외 문화 이야기

156 비만 오면 침수되는 서울의 특이한 다리

서울에는 비만 오면 물에 잠기는 특이한 다리가 있습니다. 심지어 다리의 이름도 잠수교입니다. 대체 왜 그런 걸까요?

잠수교는 잘못 지어져서 이렇게 잠기는 게 아니라 애초에 전략적으로 이렇게 물에 잠기게끔 설계한 것이라고 합니다. 북한에서 다리를 폭파시키면 어떻게 할지 고민하다가 이렇게 만들었다고 합니다.

엄청나게 튼튼한 다리를 만들자니 시간도 오래 걸리고 가격도 비싸다 보니 이렇게 물에 잠기는 다리를 만들게 된 것입니다. 다시 말해 부서져도 바로 수리할 수 있도록 만들어진 것입니다. 다리가 지면과 가깝기 때문에 기둥을 빽빽하게 박아 놓을 수 있었고, 따라서 다리가 부서져도 기둥 위에 상판만 깔면 임시다리로 쓸 수 있게끔 만들어진 것입니다.

157 생각보다 작지 않은 실제 한국 크기

　대한민국은 절대 작지 않습니다. 그리고 거대해 보이는 그린란드는 사실 호주의 3분의 1 크기밖에 안 됩니다. 왜냐하면 세계지도가 애초에 잘못되었기 때문입니다.

　우리가 보는 세계지도는 메르카토르라는 지리학자에 의해 만들어졌는데요. 당시 둥근 지구를 평면으로 만들다 보니 극단 지역의 면적은 확대되고, 중간 적도에 있는 국가들은 더 작아지게 되었습니다.

　실제 크기를 확인해 보면 그린란드와 러시아는 사실 아프리카보다 훨씬 더 작습니다. 반대로 한반도의 경우에는 웬만한 유럽 국가와 비슷합니다. 그래도 이 정도면 작은 것 아니냐고요? 실제 면적순위를 보면 한반도는 84위, 대한민국은 108위로 전 세계 중간 정도의 크기를 가지고 있습니다.

158 섬 인구의 40%가 한국인의 후손인 섬

태평양 한가운데에는 북마리아나 제도라는 곳이 있습니다. 여기에는 티니안섬이라고 불리는 작은 섬이 있는데, 이 섬에 거주하는 주민 중 40%가 한국인의 후손이라고 합니다. 김씨, 신씨, 강씨, 최씨 등의 성을 가진 주민들이 살고 있다고 하는데, 대체 여기에 왜 한국인이 살고 있는 걸까요?

제2차 세계대전 당시 수많은 한국인이 이곳으로 끌려와 강제로 노동을 하게 되었습니다. 이후 전쟁이 끝나고 살아남은 한국인들은 티니안섬의 원주민들과 결혼해 이 섬에 정착하며 살아가고 있습니다. 이 섬에 가기 위해서는 먼저 사이판으로 간 다음에 경비행기를 타고 이동해야 합니다.

159 세계 5대 강대국이 된 한국

한국이 세계에서 다섯 번째로 군사력이 강한 나라가 되었습니다. 어느 정도 수준이냐면 영국, 독일, 프랑스, 이탈리아를 포함한 모든 유럽 국가보다 한국이 더 세다는 것입니다. 미국 군사력 평가 단체 GFP의 보고서에 따르면, 세계에서 한국보다 강한 나라는 미국, 러시아, 중국,

144

인도밖에 없다고 합니다.

놀라운 사실은 해당 보고서에 따르면, 한국이 북한보다 무려 3배 이상 더 강력하다고 하는데요. 한국은 2013년 이후 계속해서 순위가 올라가는 반면, 북한은 2019년 이후 계속해서 순위가 떨어지고 있다고 합니다.

하지만 이걸 100% 신뢰하기는 어려운데요. 해당 평가는 병력, 무기, 경제력 등 총 60개 이상의 지표를 활용하여 제작되었지만, 정작 핵무기는 포함되지 않기 때문입니다.

160 한국인 98%가 속고 있던 특이한 사실

파인애플이 들어간 피자는 사실 하와이안 피자가 아니라 캐나다 피자입니다. 무슨 소리냐고요? 그건 바로 이 피자가 캐나다에서 만들어졌기 때문입니다. 실제로 하와이안 피자는 캐나다의 한 레스토랑에서 만들어졌는데, 이때 사용했던 파인애플이 하와이안 파인애플이었기 때문에 하와이안 피자가 되었습니다.

더 신기한 건 편의점에서 볼 수 있는 오징어 과자의 이름은 오징어칩이 아니라 오징어집입니다. 또한 마요네즈라고 알고 있는 제품의 실제 상표명은 마요네스이며, 미란다로 알고 있는 제품도 실제 상표명은 미린다입니다.

161 세상에서 가장 우울한 나라

　한국은 세상에서 가장 우울한 나라입니다. 우울증 발생률 1위, 자살률 1위, 노인자살률 1위, 청소년 행복지수 최하위의 국가가 바로 한국입니다.

　미국의 작가 마크 맨슨은 2024년 1월에 「세계에서 가장 우울한 나라를 다녀왔다」는 영상을 업로드했습니다. 그는 한국이 우울해질 수밖에 없는 이유에 대해 분석했는데, 한국이 유교와 자본주의의 단점을 가지고 있기 때문이라고 합니다.

　한국 사회는 남을 평가하는 유교의 단점과 물질적인 것을 중요시하는 자본주의의 단점을 가지고 있는데, 유교의 따뜻한 가족 문화와 자본주의의 장점인 개개인에 대한 존중에 대해서는 찾아볼 수가 없다고 합니다. 어떻게 해야 한국인이 조금 더 행복해질 수 있을까요?

162 외국인이 놀라는 한국의 특이한 미신

　한국인은 빨간색으로 이름을 쓰면 불길하다고 생각합니다. 빨간색으로 이름을 쓰는 순간 죽게 된다는 말이 있었는데, 대체 왜 그런 걸까요? 그 이유는 크게 3가지가 있습니다.

1. 6·25전쟁 당시 빨간 줄을 그어 죽은 사람을 표기했다.

2. 사형수의 번호표가 빨간색이다.

3. 중국 진시황이 자기만 빨간색으로 이름을 쓸 수 있게 만들었다.

이와 같은 이유로 인해 빨간색으로 이름을 쓰는 게 불길한 행동이 되었다고 합니다.

또한 한국인은 한밤중에 휘파람을 부는 것도 불길하다고 생각합니다. 밤에 휘파람을 불면 귀신이 나오거나 뱀이 나온다고 하는데, 그 이유는 크게 2가지가 있습니다.

1. 과거에는 휘파람을 통해 도둑들이 신호를 주고받았다.

2. 휘파람 소리가 시끄러워서 부모님이 아이들을 조용히 시키려고 지어 냈다.

163 한국인도 모르는 한국의 숨겨진 사실

유령마을, 마계마을, 사탄마을은 한국에 실제로 존재하는 지명입니다. 죽음의 계곡, 사망산, 마왕골, 심지어 은둔하는 천사의 섬 사옥도라는 곳도 있습니다.

그리고 1994년 대한민국 정부에서 서울 남산골 한옥마을에 직접 타임캡슐을 묻었습니다. 2394년에 열리게끔 설계되었는데, 여기에는 숟가락, 노트북, 신용카드, 심지어 배꼽티까지 들어 있다고 합니다.

164 외국인이 본 한국인의 이상한 행동

한국인은 침대를 옷장으로 사용하고, 의자를 옷걸이로 사용하며, 멀쩡한 소파를 등받이로 사용합니다. "배불러 죽겠다."라고 말하며 계속해서 음식을 먹습니다. "힘들어 죽겠다.", "졸려 죽겠다."라고 말하면서 각종 비타민과 홍삼도 열심히 챙겨 먹습니다.

단둘이 얘기하면서도 "아, 저요?"라고 되묻기도 합니다. 그리고 궁금한 걸 물어보면 "아, 몰라~."라고 하면서도 그게 뭔지 친절하게 알려 줍니다.

신기하게도 핸드폰, 노트북, 지갑, 택배 물건은 안 훔쳐 가면서 자전거와 우산은 훔쳐 가며, 무언가에 공감되면 꼭 박수를 치거나 옆에 있는 사람을 때린다고 합니다.

165 의외로 한국이 세계 1등인 것들

전 세계에서 한국이 독보적으로 1등인 것들이 있습니다. 무려 전 세계에서 유통되는 김의 70% 이상을 한국에서 만들어 내는데, 규모가 무려 1조 원이 넘는다고 합니다. 뿐만 아니라 버너에 넣어 사용하는 부탄가스, 전 세계 게이머들이 좋아하는 e스포츠는 다른 나라들이 따라올 수 없을 만큼 독보적인 1위를 차지하고 있습니다.

그런데 좋은 것만 있는 건 아닙니다. 최근 한국이 전 세계 사과값 1위를 찍었고, 한때는 세계에서 빵값이 제일 비싸기도 했습니다. 그런데 자랑이었던 인터넷 속도는 1위에서 계속 추락해 지금은 전 세계 34위가 되어 버렸습니다. 심지어 1인당 라면 소비량도 베트남한테 밀려 2등이 되어 버렸다고 합니다.

166 한국인 대부분이 모르는 번호판 상식

놀랍게도 택시의 모든 번호판은 아, 바, 사, 자로 시작됩니다. 이중 하나라도 안 들어가면 가짜 택시이니 조심해야 합니다. 알고 있었다고요?

그럼 이건 어떤가요? 택시와 같은 영업용 차량은 노란색, 친환경 자동차는 파란색 번호판이고, 외교용 차량은 남색 번호판입니다. 렌터카의 번호판은 하, 허, 호 중에 하나로 표기되고, 배달 차량의 경우에는 앞글자를 따서 '배'라는 번호판을 달고 있습니다. 또한 중장비 차량은 주황색 번호판을 달고, 8,000만 원 이상 신규 법인 차량에는 연두색 번호판이 부착됩니다.

167 한국어만 써야 하는 미국의 특이한 마을

미국의 한 마을에서는 무조건 한국어만 사용해야 됩니다. 마을의 모든 간판과 안내문이 한국어로 되어 있고, 심지어 한국 돈을 사용해야 합니다. 대체 여기는 어떤 곳일까요?

이 마을의 정체는 미국 미네소타주에 있는 콩코르디아라는 작은 마을입니다. 이곳에 있는 '숲속의 호수'라는 곳이 바로 한국어 마을인데요. 브리티시컬럼비아대학교의 로스 킹 교수가 이 마을을 설립해 무려 14년 동안 촌장을 지냈다고 합니다.

한국어학 박사학위를 받은 로스 킹 교수는 한국인 아내를 만나 결혼했고, 이후 한국어를 가르치고 싶어 이 마을을 만들게 되었습니다. 이곳에 오기 위해서는 한화로 700만 원가량을 내야 하지만 인기가 많아 대기 순번까지 받아야 한다고 합니다.

168 한국을 코리아라고 부르지 않는 나라

몽골 사람들은 한국을 코리아가 아닌 솔롱고스라고 부릅니다. '무지개가 뜨는 나라'라는 뜻인데, 전 세계에서 몽골만 유일하게 한국을 이렇게 부른다고 합니다. 대체 왜 그런 걸까요?

아직까지 정확한 이유는 밝혀지지 않았지만, 크게 3가지 이유를 들수 있습니다.

1. 말 그대로 '무지개처럼 아름다운 국가'라는 뜻인데, 실제로 수많은 몽골인이 한국을 좋아합니다.
2. 과거 고려인들이 색동저고리를 입었는데, 이 색동저고리가 무지개를 연상시켰기 때문이라고 합니다.
3. 백두산에는 과거부터 설렁거리는 담비가 많이 살았는데, 여기서 솔롱고스라는 이름이 유래했다는 설도 있습니다.

169 한국인 대부분이 속았던 잘못된 상식

'다리 떨면 복 나간다.'는 말을 한 번쯤 들어보지 않았나요? 그런데 사실 이게 혈액 순환에 좋다고 합니다. 미국 미주리대학교 연구팀이 조사한 결과 다리를 떨면 혈류량이 늘어나 혈관이 더 건강해진다고 합니다.

그런데 잠이 안 올 때 양을 세는 것은 도움이 안 됩니다. 이는 한국 정서와도 맞지 않습니다. 이건 영국에서 유래했는데, 양을 뜻하는 sheep과 잠을 뜻하는 sleep의 철자가 비슷하여 잠이 안 오면 양을 세기 시작했던 거라고 합니다. 따라서 한국어로는 의미가 없습니다.

170 한국인은 절대 이해하지 못하는 행동

"너 지금 뭐하는 거야? 양치하고 입을 헹구면 어떻게 해?"이게 무슨 소리인지 이해하기 어렵겠지만, 실제로 서양 문화권에서는 이를 닦고 입을 헹구지 말라고 합니다. 치약에는 충치를 예방해 주는 불소 성분이 들어 있는데, 입을 헹구는 순간 이 불소의 효과가 떨어지기 때문입니다.

하지만 입을 헹구지 않으면 치약에 들어 있는 합성계면활성제가 점막을 건조하게 만들어 입 냄새를 유발할 수 있다고 합니다. 사실 정답은 없는데요. 치약의 효과를 극대화하고 싶다면 많이 헹구는 걸 피하고, 구강이 건조해지는 것에 민감하다면 적당히 헹구는 게 좋습니다.

그런데 충격적인 사실은 서양 사람들은 접시를 닦을 때도 물로 헹구지 않는다고 하는데, 대체 왜 그런 걸까요?

171 한국 젓가락이 중국보다 짧고 일본보다 긴 이유

한국 젓가락은 중국 것보다 짧고 일본 것보다 길다는 사실 알고 있나요? 또한 한국은 주로 쇠를 이용해 젓가락을 만들지만 중국은 대나무, 일본은 일반 목재를 사용한다고 합니다. 대체 한·중·일의 젓가락은 왜 다르게 생긴 걸까요?

결론부터 말하자면, 한·중·일의 식문화가 다르기 때문에 젓가락도 다르게 생기게 된 것입니다. 중국은 보통 식탁에 둥글게 모여 앉아 식사를 하기 때문에 멀리 떨어져 있는 음식을 집을 수 있도록 길이가 긴 것이고, 일본은 개인적인 문화가 강해 모든 음식이 가까이에 있어서 짧고 가벼운 형태의 젓가락이 만들어졌다고 합니다. 반면 한국은 나물 같은 얇은 음식을 많이 먹어 왔기 때문에 얇은 반찬도 쉽게 집을 수 있도록 끝이 둥글고 납작하게 되었다고 합니다.

172 북한 김정은이 비행기를 절대 안 타는 이유

김정은은 비행기를 절대로 타지 않습니다. 푸틴을 만날 때도 러시아까지 20시간이나 기차를 타고 갔다는데요. 대체 왜 그런 걸까요? 공식적으로 밝혀진 것은 아니지만 2가지 이유를 추측할 수 있습니다.

1. 안전상의 이유 때문입니다. 비행기를 타면 요격당할 수도 있고, 애초에 북한에서 사용하는 비행기가 구소련 때 만들어진 옛날 비행기라 굉장히 위험하다고 합니다.

2. 기차가 엄청 좋아서입니다. 김정은이 타는 기차는 거의 호텔급이라고 합니다. 스텔스 기능도 있고 바닥까지 전부 방탄이라서 엄청 안전하다고 합니다.

173 들어가면 무조건 정신병 걸리는 미국 최악의 교도소

지구상에서 가장 깨끗한 교도소인데, 이곳에 수감된 범죄자들은 제발 사형시켜 달라며 소리를 지르거나 하루 종일 벽을 보며 혼자 중얼거리게 된다고 합니다. 여기는 대체 어떤 곳일까요?

모든 범죄자가 정신질환에 걸리지만 정신병도 형벌이라며 그대로 내버려두는 이 교도소의 정체는 바로 미국 ADX 플로렌스입니다. 테러범, 마피아 보스, 아동 납치범과 같은 최악의 범죄자들이 수감되는 곳인데요. 이곳은 호텔급으로 깨끗하게 관리되고, 모든 범죄자가 1인 1실을 사용하는 굉장히 쾌적한 교도소입니다.

문제는 24시간 중 23시간을 혼자 지내야 하고, 다른 사람들을 절대 만날 수도 없을뿐더러 TV에는 하루 종일 종교 방송만 나온다고 합니다. 그러다 보니 시간이 지날수록 사람이 점점 미쳐 간다고 합니다.

174 소말리아의 조금 이상한 1위 신랑감의 직업

『코리아 헤럴드』의 기사에 따르면, 소말리아에서 가장 인기 있는 직업은 바로 해적이라고 합니다. 단순히 인기가 많은 걸 넘어 소말리아 여성이 가장 선호하는 배우자의 직업도 바로 해적이라고 하는데요. 해당 기사에 따르면, 소말리아의 해적들은 보통 아름다운 여성들과 결혼하며, 큰 집과 자동차도 소유하고 있다고 합니다. 2011년 기준, 소말리아 해적들이 벌어들인 돈은 무려 1,800억 원이나 된다고 합니다.

그렇다면 소말리아에 이렇게 많은 해적이 생긴 이유는 대체 무엇일까요? 이걸 알아보기 위해서는 1991년으로 거슬러 올라가야 합니다. 그 당시 소말리아에 내전이 시작되면서 소말리아의 정치 시스템이 완전히 무너지게 되었습니다. 이때부터 소말리아는 온전한 정부가 존재하지 않는 혼돈의 나라가 되었습니다.

이렇게 혼란스러운 틈을 타 다른 나라 배들이 소말리아의 바다에 와서 불법으로 해산물을 잡아가기 시작했고, 소말리아의 일부 국민들은 자신의 것을 지키기 위해 직접 바다로 나서게 되었습니다. 이때 나라를 지키기 위해 나선 사람들이 바로 지금의 해적이 되었습니다.

그렇다면 이 사람들은 대체 왜 해적이 된 걸까요? 너무나도 당연한 말이지만, 해적질이 돈이 되기 때문입니다. 당시 바다를 지키던 소말리아 국민들은 소말리아 해협에 석유를 실어 나르는 값비싼 유조선이 많다는 사실을 알아차리게 되었고, 이런 배들을 납치하면 큰돈을 벌 수 있다는 사실을 깨닫게 되었습니다. 돈이 되다 보니 점점 해적 행위가 늘어나게 되었고, 결국 규모가 커지며 소말리아 해적이 전 세계 최대 규모의 해적이 되어 버린 것입니다.

175 막내가 50살이라는 일본 야쿠자의 근황

일본에서 야쿠자가 점점 사라지고 있다고 합니다. 야쿠자의 평균 연령은 54세, 심지어 야쿠자의 24%가 무려 60~70대의 노인이라고 하는데요. 대체 어떤 일이 있었던 걸까요?

야쿠자의 평균 연령이 높아지게 된 이유는 젊은 사람들이 야쿠자가 되는 걸 기피하기 때문입니다. 일본의 MZ세대들은 상하 복종 관계를 극도로 싫어하기 때문에 야쿠자의 인기가 급속도로 줄어들게 된 것입니다. 그럼 나쁜 사람들이 없어지니까 좋은 것 아닌가라고 생각할 수도 있지만, 야쿠자가 사라지게 되면서 새로운 폭력 세력들이 그 자리를 대체하고 있다고 합니다. 다시 말해 조폭 대신 양아치가 많아지고 있는 것입니다. 실제로 일본의 야쿠자는 전년 대비 1,700명이 줄었다고 하네요.

176 신에게 버림받은 나라

신에게 버림받은 나라가 있습니다. 깡패들이 나라를 점령하고, 대통령이 암살당했으며, 심지어 허리케인과 지진 같은 수많은 자연재해가 나라를 초토화시켜 버렸습니다. 공권력이 무너져 군대와 경찰을 볼 수 없고, 시민들은 깡패들에게 시달리다 결국 스스로 맞서 싸우기 시작했습니다. 그런데 깡패들은 이를 보복하기 위해 무고한 시민들을 무차별적으로 살해하고 있습니다.

이들을 돕기 위해 유엔군이 파견되었지만, 오히려 전염병을 옮겨 수많은 사람이 사망하게 되었고, 심지어 성매매 의혹까지 겹쳐 이곳에 파견된 봉사자들이 전부 철수하게 되었습니다. 인구의 절반 이상이 굶고, 청년들은 살기 위해 어쩔 수 없이 갱단에 가입하고 있습니다. 이로 인해 점점 더 부패하고 있는 이곳은 바로 중앙아메리카의 아이티입니다.

177 일본의 이상한 크리스마스

일본에서는 크리스마스가 공휴일이 아닙니다. 사람들이 모두 학교에 가거나 출근합니다. 바로 모든 종교가 평등해야 한다는 일본의 법 때문입니다. 신기한 것은 일본인들은 크리스마스 때마다 KFC를 먹는다고 합니다. KFC의 천재적인 마케팅 때문에 현재 전통이 되었다고 하네요.

서양 문화인 크리스마스에 적응하지 못한 일본인들은 '이게 대체 뭐 하는 거지?'라는 생각을 했고, 이 틈을 노려 KFC가 엄청난 마케팅을 했습니다. KFC 할아버지를 산타로 변장시키고, 사람들에게 "미국에서는 크리스마스에 프라이드치킨을 먹습니다!"라고 소문을 퍼뜨려 자연스레 'KFC가 크리스마스 문화'라고 인식하게끔 만든 것입니다.

178 애 낳지 말라는 이집트 정부

"제발 애 좀 그만 낳으세요! 이건 테러나 마찬가지입니다!" 이게 뭔 소리냐고요? 이집트 대통령이 한 말입니다. 실제로 이집트는 인구가 너무 많아서 나라가 망해 가고 있다고 합니다. 그 이유는 땅과 식량이 부족하기 때문입니다.

'이집트가 우리나라보다 훨씬 큰데 뭔 소리인가?'라고 생각하겠지만, 이집트는 대부분의 땅이 사막이기 때문에 실제로 사람이 살 수가 없다고 합니다. 전체 국토의 4%에 인구 95%가 모여 살고 있습니다. 그런데 식량이 부족하다 보니 대통령이 직접 나서서 "국민 여러분, 닭발 좀 버리지 말고 먹으세요! 그거 몸에 좋아요!"라고 말했다가 욕을 먹기도 했습니다.

그런데 여기는 왜 이렇게 인구가 많냐고요? 그건 아이를 신의 축복으로 여기는 종교적 이유 때문이라고 합니다.

179 일본이 일본이 되고 중국이 중국이 된 이유

일본은 왜 일본이라는 이름을 가지게 된 것일까요? 일본의 뜻은 '해가 뜨는 나라'라는 뜻인데, 이건 동아시아에서 일본이 가장 동쪽에 위치해 있기 때문에 붙은 것입니다. 해가 동쪽에서 뜨기 때문이죠.

반면 중국은 '세계의 중심국'이라는 뜻인데, 영어로는 China라고 합니다. 이건 과거 진나라에서 유래한 것입니다. 마찬가지로 한국을 뜻하는 Korea라는 명칭도 과거 고려에서 유래한 것입니다.

그렇다면 카자흐스탄, 키르기스스탄, 우즈베키스탄, 투르크메니스탄, 파키스탄, 아프가니스탄, 타지키스탄에는 전부 '스탄'이라는 단어가 붙어 있는데 어떤 의미일까요? '스탄'은 산스크리트어와 페르시아어로 땅이라는 뜻입니다.

180 중국이 비상 상황을 선포한 이유

시진핑 주석은 "여자들은 가정으로 복귀해 집안일에 충실해야 한다!"라는 말을 했습니다. 다시 말해 여자는 일하지 말고 집에서 아이나 보라는 것인데, 시진핑 주석이 이런 말을 한 이유는 여성 인구가 줄어들었기 때문입니다.

중국은 최근 인도한테 밀리고, 출산율도 줄어 비상 상황에 돌입했습니다. 과거 중국에서는 1명의 아이만 낳을 수 있게 하는 1자녀 정책을 시행했는데, 이게 지금 엄청난 문제로 나타나고 있습니다.

남자아이를 선호했던 중국인들은 '어차피 1명밖에 못 낳는 것, 남자아이를 낳자!'라고 생각했고, 이로 인해 성비가 무너져 짝이 없는 중국 남성이 무려 3,000만 명을 넘어가게 되었다고 합니다. 게다가 실업률도 높고, 사교육비도 비싸 사람들이 아이를 낳지 않는다고 합니다.

181 중국 출산율이 박살 난 진짜 이유

중국의 출산율이 박살 나 버렸습니다. 물론 우리나라가 훨씬 더 심각하지만 중국의 출산율도 정말 가파른 속도로 줄고 있는데, 그 이유가 진짜 신기합니다.

1. 중국에는 신붓값이라는 문화가 있습니다. 말 그대로 신랑이 신부 가족에게 줘야 하는 돈인데, 이게 단순히 몇 십만 원 수준이 아니라 기본 몇 천만 원, 많게는 1억 원이 넘는 돈을 줘야 한다고 합니다. 여기에다 집도 사야 하니까 결혼 자체가 부담이 되어 버린 것입니다.

2. 중국은 여자보다 남자가 훨씬 더 많습니다. 한때 중국에서는 한 자녀 정책을 시행했는데 남자아이를 선호했던 중국인들이 아들만 선별해 낳으며 성비가 박살 나 버렸습니다.

3. 중국도 한국과 마찬가지로 취업이 힘들고 경제 상황이 어려워지면서 청년들이 더 이상 결혼을 할 수 없게 되었습니다.

182 중남미에서 난리 난 독재자 대통령

　세금으로 비트코인을 사는 특이한 남자가 국민 80%의 지지를 받고 대통령이 됐습니다. 심지어 헌법을 어기고 2연속으로 대통령이 되었다고 합니다. 그럼에도 불구하고 국민들에게 엄청난 지지를 받고 있습니다. 왜냐고요? 7만 명의 성인 남성을 싹 다 감옥에 가둬 버렸기 때문입니다.

　엘살바도르의 부켈레 대통령은 대통령이 되자마자 나라에 있는 모든 깡패를 소탕해 버렸습니다. 원래 엘살바도르는 엄청 위험한 나라였는데, 지금은 밤에 돌아다녀도 될 정도로 안전한 나라가 되었다고 합니다. 심지어 부켈레 대통령은 나라 돈으로 비트코인을 사 엄청난 손해를 보기도 했습니다. 하지만 이것도 시간이 지나다 보니 수익권으로 바뀌어 지금은 엄청난 지지를 받고 있다고 합니다.

183 최근 러시아에서 논의 중인 이상한 법안

"신분증을 보여 주세요! 뭐야? 여자 이름이 철수라고요? 당신을 체포합니다!"

"아니, 제가 뭘 잘못했는데요. 제 이름이 철수인 게 잘못이에요?"

"네, 그게 잘못입니다. 당신 부모님을 탓하세요!"

무슨 말도 안 되는 소리냐고 생각하겠지만, 실제로 발생하고 있는 일입니다. 우리나라는 아니고, 러시아에서 문제가 된 이야기인데요. 최근 러시아에서는 성별에 어울리지 않는 이름을 짓는 걸 금지하는 법안이 추진되고 있습니다. 성별에 따라 이름을 어떻게 나눌 수 있냐고 생각되지요? 실제로 러시아 사람들도 이에 반발하고 있다고 합니다. 이름에 숫자나 욕설이 들어가는 것도 안 된다고 합니다.

9

아는 척하기
딱 좋은
동물 이야기

184 고래가 잘 때 몸을 꼿꼿이 세우는 이유

고래는 몸을 꼿꼿이 세운 채로 잠에 든다고 합니다. 대체 고래는 왜 이렇게 자는 걸까요? 그 이유는 고래는 아가미가 아니라 폐로 숨을 쉬기 때문입니다. 언제든지 물 밖으로 나와 숨을 쉬기 편하도록 이렇게 자는 것입니다. 이때 고래는 얕은 수면인 가수면 상태로 잠에 들게 된다고 합니다.

고래는 신기하게도 가수면 상태를 유지하기 위해 양쪽 뇌를 따로 사용합니다. 다시 말해 한 쪽 뇌가 잠에 들면 다른 쪽 뇌는 깨어 있어 있기 때문에 자는 동안 가볍게 수영을 하거나 수면 위로 올라와 숨을 쉴 수 있는 것입니다.

185 고양이가 물을 싫어하는 이유

고양이는 물을 정말 싫어합니다. 간혹 목욕을 즐기는 특이한 고양이도 있지만, 대부분은 물에 조금만 닿아도 경기를 일으키는데요. 대체 왜 그런 걸까요?

모든 고양이의 조상은 아프리카 사막 출신의 리비아 살쾡이입니다. 따라서 애초에 물 자체가 익숙하지 않은 동물이기 때문에 물을 싫어하는 것입니다. 마찬가지로 사막 출신의 DNA를 가지고 있기 때문에 체온이 떨어지는 걸 굉장히 두려워합니다. 이건 생존과도 직결되는 문제이기에 물을 싫어할 수밖에 없습니다.

또한 고양이는 털이 젖으면 민첩성이 떨어져 굉장히 불편해합니다. 쉽게 말해 우리가 패딩을 입은 채로 물에 젖으면 불편해지는 것과 같은 원리입니다. 뿐만 아니라 고양이는 물이 묻게 되면 자신의 몸에 이상한 물질이 묻었다고 생각할 수 있습니다. 우리가 김치찌개를 흘리면 닦아내는 것과 마찬가지로 고양이도 이걸 싫어하는 것이죠. 고양이는 자신의 냄새와 페로몬으로 영역 표시를 하기 때문에 물이 묻는 걸 싫어하기도 합니다.

186 기린의 혓바닥이 까만색인 이유

혹시 기린 혀를 본 적 있나요? 기린의 혀에는 특이하게도 검은색 얼룩이 있습니다. 그렇다면 기린의 혀는 대체 왜 검은색인 걸까요? 그 이유는 혀가 화상을 입는 걸 방지하기 위해서입니다. 기린은 더운 곳에 사는 동물이고, 혀의 길이도 무려 50cm나 되어서 혀로 나뭇잎을 먹다가 화상을 입게 될 수도 있다고 합니다. 기린의 다른 부위는 털이 감싸고 있어서 괜찮지만 혀에는 털이 없기 때문에 혀가 햇빛에 상하지 않도록 혀가 까맣게 진화한 것입니다.

187 공룡은 X를 어떻게 했을까?

공룡은 어떻게 뜨거운 관계를 맺을 수 있었던 걸까요? 거대한 공룡들이 짝짓기를 하다 보면 둘 중 하나가 죽을 수도 있을 것 같은데, 어떻게 1억 9,000만 년이 넘는 세월 동안 새끼를 낳아 번성할 수 있었던 걸까요? 그 비밀은 바로 고추가 없었기 때문입니다.

고추에는 뼈가 없기 때문에 실제로 공룡의 고추 화석이 남아 있지 않아 정확한 이유를 알아내기는 어려운데, 과학자들은 고추가 아니라 항문을 통해 짝짓기를 했을 것으로 추정합니다. 이건 총배설강 키스라는 교미 방법인데 실제 조류들의 번식 방법입니다. 하지만 이걸 반박하는 과학자도 있습니다. 공룡은 사실 고추가 있었는데 몸이 무겁다 보니 짝짓기를 바로 하지는 못하고 악어처럼 물에 들어가 관계를 맺었다는 것입니다.

188 금붕어의 기억력은 3초가 아니다

보통 금붕어의 기억력은 3초라고 알고 있습니다. 하지만 이건 틀린 말이라고 합니다. 실제로 금붕어의 기억력을 테스트해 본 결과, 금붕어는 최대 6개월까지 무언가를 기억할 수 있다고 합니다. 심지어 금붕어는 훈련도 가능하고, 훈련된 금붕어는 수족관에서 축구를 하기도 했습니다.

금붕어의 아이큐는 3 정도 되는데, 여기서 금붕어의 기억력이 3초라는 말이 나오게 되었다고 합니다. 다시 말해 아이큐가 3이지, 기억력이 3초는 아닙니다.

189 기네스북에 등재된 세상에서 가장 흉폭한 동물

이 동물은 「내셔널 지오그래픽」에서 인정한 세상에서 가장 흉폭한 동물입니다. 몸집은 작지만 사자와도 맞짱 뜨는 미친 동물이라고 하는데요. 독사에게 물려도, 벌에 쏘여도, 심지어 사자한테 물려도 멀쩡해서 기네스북에까지 등재되었다고 합니다. 이 동물의 정체는 바로 벌꿀오소리입니다.

세상에서 가장 겁 없는 동물로 등재된 벌꿀오소리는 독에 대한 면역이 있어 독사에게 물려도 멀쩡하고, 가죽이 질겨 벌에게 쏘여도 멀쩡하고, 유독 가스를 내뿜어 맹수들에게도 쉽게 사냥당하지 않는다고 합니다. 심지어 키가 딱 맹수들의 소중이 위치와 비슷하기 때문에 동물들의 급소를 물어뜯기도 한다네요.

190　뇌를 갉아 먹는 벌레?

　　과거에는 머리가 아프면 뇌를 열어 치료했다고 합니다. 지금이야 두통이 생기면 타이레놀을 먹으면 되지만, 과거에는 치료 방법 자체가 없었기 때문에 무조건 뇌를 열어 치료했다고 합니다.

　　그런데 신기하게도 뇌를 열었을 때 간혹 검은색 벌레가 발견되었는데 이 벌레를 제거하니 두통이 싹 사라졌다고 합니다. 이 벌레의 정체는 바로 혈종입니다. 다시 말해 벌레가 아니라 피가 굳어 있던 것입니다. 조상들은 이걸 벌레라고 믿었고, 이걸 제거하니 두통이 사라졌다며 머리가 아프면 무조건 뇌를 열어 이 검은색 벌레를 제거했다고 합니다.

191　다른 개미를 노예로 만들어 놀고먹는 무서운 개미

　　다른 개미를 노예로 만들어 자기는 일도 하지 않고 놀고먹는 무서운 개미가 있습니다. 바로 뾰족하고 날카로운 턱을 가진 사무라이개미입니다. 전투에 특화된 턱으로 인해 노예가 없으면 밥도 먹지 못한다고 하는데, 대체 어떻게 노예를 만드는 걸까요?

　　한국과 일본에 살고 있는 사무라이개미는 자기보다 약한 개미 왕국을 침략하는 특성을 가지고 있습니다. 여왕개미를 죽인 뒤 자기가 왕이 되어 왕국을 통치합니다. 이때 점령당한 개미들은 노예가 되어 먹이를 찾고, 애벌레도 돌봐 주며, 심지어 먹이를 분해해 직접 떠먹여 주기까지 합니다. 만약 노예의 숫자가 줄어들게 되면 다른 개미의 집에 들어가 애벌레와 번데기를 훔쳐 노예의 숫자를 충당한다고 합니다.

192 당신은 98%의 확률로 매미의 오줌을 맞아 봤습니다

'아, 뭐야? 갑자기 뭐가 떨어졌는데… 비도 안 오는데 물이 어디서 떨어진 거지?' 당신은 지금 매미의 오줌을 맞았습니다.

무더운 여름날에 길을 가다가 갑자기 빗방울을 맞았다면 높은 확률로 매미의 오줌을 맞은 것이라고 합니다. 매미는 나무의 수액을 먹는 곤충인데, 이걸 너무 많이 먹으면 오줌을 쌉니다. 다행히도 이 오줌은 나무의 수액과 비슷한 성분이기 때문에 인체에 해롭지는 않다고 합니다.

재미있는 걸 하나 알려 주자면, 매미는 수컷만 울고 암컷은 울지 않습니다. 암컷은 발성 기관 대신 산란 기관을 가지고 있어서 아예 울지 못한다고 합니다. 수컷이 우는 이유는 암컷을 유혹하기 위해서라고 하네요.

193 동물들이 동성애를 하는 신기한 이유

생각보다 많은 동물이 동성애를 합니다. 번식이 가장 중요한 진화론적 관점에서 보면 말이 안 된다고 생각할 수 있는데요. 대체 동물들은 왜 동성애를 하는 걸까요? 청백돌고래와 보노보의 경우에는 암수 관계 없이 유대감을 강화하기 위해 동성애를 한다고 합니다. 밥을 나눠 먹거나 화해를 할 때 관계를 맺는다고 하네요.

똥파리는 훨씬 더 신기한 목적으로 동성애를 합니다. 자기가 실질적으로 암컷을 독차지하기 위해 암컷인 척 위장해 다른 수컷들과 교배를 한다고 합니다. 초파리는 암컷과의 관계를 연습하기 위해 수컷끼리 동성애를 한다고 합니다. 두꺼비는 상대의 성이 헷갈려서 마구잡이로 관계를 한다고 하네요.

194 무늬가 없어진 돌연변이 기린이 나타난 이유

미국 테네시주의 한 동물원에서 무늬가 없는 기린이 태어났습니다. 대체 왜 이런 기린이 태어난 걸까요? 사실 과거부터 지금까지 돌연변이는 계속해서 나타나고 있습니다. 이런 돌연변이가 생존에 유리해 번식을 많이 하게 되면 비로소 진화가 이루어지게 되는 것입니다.

예를 들어, 기린의 목이 길어진 이유는 목을 쭉 늘리다가 목이 길어진 게 아니라 애초에 목이 길게 태어난 돌연변이가 먹이를 독차지해서 진화가 이루어진 것입니다. 결국 이런 종들이 살아남았기 때문이지요. 이 기린의 경우에도 돌연변이로 무늬가 없지만 만약 생존에 더 유리하다면 미래에는 모든 기린이 이렇게 바뀔 수도 있습니다.

195 문어가 배고프면 하는 이상한 행동

문어 하면 어떤 이미지가 떠오르나요? 아마도 머리가 크고 흐물흐물한 문어의 생김새가 떠오를 겁니다. 신기하게도 문어는 배가 고프면 자기 다리를 먹습니다. 실제로 국립수산과학원에서 실험해 본 결과 24시간 동안 먹이를 먹지 못한 문어는 자기 다리를 2개나 잘라 먹었다고 합니다. 문어의 경우 2개월이면 다리가 원상 복구되기 때문에 배가 고프면 자기 다리도 먹는 것입니다.

196 비가 오면 시작하는 개미들의 신기한 행동

'비가 오면 개미집은 어떻게 될까?'라는 상상을 한 번쯤 해 보지 않았나요? 보통 비가 오면 개미들은 집의 일부를 부숴 입구를 막아 빗물을 차단합니다. 그리고는 새로운 굴을 파서 알이나 애벌레들을 안전한 곳으로 이동시킵니다.

그런데 만약 비가 너무 많이 온다면 어떻게 될까요? 이때는 개미집을 버리고 다 같이 탈출을 합니다. 탈출한 개미들은 서로가 서로를 의지해 거대한 뗏목을 만드는데, 육지에 닿을 때까지 이런 대형을 유지하다가 땅을 밟으면 새로운 왕국을 만든다고 합니다.

197 비둘기가 평화의 상징이 된 이유

비둘기 하면 생각나는 게 뭐가 있나요? 여러 가지가 있겠지만, 그중 하나는 평화입니다. 실제로 비둘기가 평화를 상징하기 때문에 제1회 아테네 올림픽부터 개회식 때 비둘기를 날리는 게 전통이 되었다고 합니다. 그렇다면 비둘기는 대체 왜 평화의 상징이 된 것일까요?

여기에는 여러 가지 설이 있지만, 그중 가장 유력한 설은 성경에 나오는 노아의 방주에서 유래했습니다. 노아는 대홍수를 피해 가족과 동물들을 태우고 다니다가 홍수가 끝났는지 확인하기 위해 귀소 본능이 있는 비둘기를 날려 보냈습니다. 이때 세 번째로 날아갔던 비둘기는 다시 돌아오지 않았고, 이로 인해 노아는 홍수가 끝났다는 걸 알 수 있었다고 합니다. 이때부터 비둘기가 희망을 가져왔다는 의미에서 평화의 상징이 되었습니다.

198 사람 똥은 갈색인데 새똥은 흰색인 이유

사람 똥은 갈색인데 새똥은 왜 흰색인 걸까요? 그 이유는 새는 오줌을 싸지 못하기 때문입니다. 조류는 소변을 배설하는 요도를 갖고 있지 않기 때문에 똥을 쌀 때 소변과 대변을 함께 배출합니다. 소변에 요산이라는 유기화합물이 포함되어

있어 흰색이 된 것입니다. 다시 말해 새의 오줌이 흰색인데, 이게 똥이랑 같이 나오기 때문에 똥이 흰색이 된 것입니다.

199 사자를 물어 버리는 동물

얼룩말은 사자를 물어 버립니다. 실제로 성격이 더럽기로 유명한 얼룩말은 인간이 길들이기에 실패한 동물 중 하나입니다. 수많은 아프리카 원주민들이 얼룩말을 길들여 보려 했지만, 극도로 예민한 성격 탓에 모두 실패했다고 합니다. 심지어 얼룩말은 고기맛까지 없어서 웬만큼 배고픈 게 아닌 이상 얼룩말을 잡아먹지도 않았다고 합니다.

그런데 얼룩말은 대체 왜 얼룩무늬를 가지게 되었을까요? 이건 사실 말이 안 됩니다. 이렇게 튀는 모양이면 포식자들에게 잡아먹힐 확률이 높아질 텐데, 대체 왜 이렇게 진화한 걸까요? 그 이유는 파리를 쫓기 위해서라고 합니다. 실제로 얼룩말의 줄무늬는 위치 감각에 혼란을 일으키기 때문에 파리가 얼룩말에 잘 앉지 못하게 된다고 하네요.

200 세상에서 가장 큰 물고기

세상에서 가장 큰 물고기라고 하면 아마 많은 사람이 고래를 생각할 것입니다. 특히 최대 33m의 몸길이에 최대 150톤에 달하는 대왕고래(흰수염고래)를 가장 큰 물고기로 생각할 수도 있을 것입니다. 하지만 사실 고래는 물고기가 아니라 포유류이기 때문에 가장 커다란 물고기라고는 할 수 없습니다. 그렇다면 지구상에서 가장 큰 물고기는 뭘까요? 정답은 고래상어입니다.

고래상어는 고래가 아니라 상어로 분류되는데요. 고래상어의 몸길이는 12~18m가량 되고, 몸무게는 15톤에서 무려 20톤까지도 나간다고 합니다. 고래상어는 어마어마하게 큰 물고기이지만 공격성이 강하지는 않아서 가까이 다가가도 공격하지 않는다고 합니다. 특히 다른 상어들과 달리 플랑크톤이나 새우 그리고 작은 물고기 등을 먹고 살기 때문에 고래상어와 함께 사진을 찍는 사람들도 굉장히 많다고 하네요.

201 야생동물에게 사람 목소리를 들려주면 벌어지는 일

캐나다 웨스턴대학교의 연구팀은 신기한 실험을 하나 진행했습니다. 바로 야생동물들이 몰려드는 물웅덩이 근처에 카메라와 스피커를 설치한 다음 사람이 말하는 소리, 사자가 으르렁거리는 소리, 개 짖는 소리 등을 내보내고 야생동물들의 반응을 관찰했습니다.

총 15,000여 건의 동영상을 분석한 결과 야생동물들은 사자 소리가 나올 때보다 사람의 말소리가 나올 때 40%나 더 빨리 도망쳤다고 합니다. 신기한 사실은 표범, 하이에나, 코끼리 등과 같은 강력한 동물들도 사람의 말소리를 듣고 빠르게 도망갔다고 합니다.

202 스폰지밥의 실제 모습

이 생물은 네모바지 스폰지밥의 실제 모티브가 된 동물입니다. 식물이 아니라 살아 있는 동물이라고 하는데요. 대체 이 녀석의 정체는 뭘까요?

이 동물의 이름은 바로 스펀지입니다. 한국어로는 해면이라고 합니다. 보통 스펀지라고 하면 설거지 용품을 떠올리지만, 스펀지는 실제 동물 이름입니다. 과거에 사람들이 스펀지를 잡아서 몸이나 접시 등을 닦았는데, 나중에 이게 점점 희귀해지면서 요즘 우리가 사용하는 인공 스펀지가 만들어지게 되었다고 합니다.

신기한 걸 하나 더 알려 주자면, 스펀지뿐만 아니라 수세미도 사실 살아 있는 식물입니다. 서양에서는 스펀지, 동양에서는 수세미를 사용했습니다. 스펀지는 몸에 있는 수많은 구멍으로 플랑크톤과 박테리아를 먹는다고 하네요.

203 씨몽키의 충격적인 정체

혹시 취미로 씨몽키를 키워 본 적 있나요? 그런데 씨몽키가 사실 바다새우가 아니라는 것 알고 있나요? 씨몽키의 정체는 바다새우가 아닌

아르테미아라고 합니다. 새우보다는 물벼룩에 가까운 생물인데요. 이 키트를 만든 사업가가 아르테미아의 꼬리가 원숭이를 닮았다고 생각해 씨몽키라는 귀여운 이름을 지어 줬다고 합니다.

그런데 신기한 건 씨몽키는 유통기한이 없습니다. 엄청나게 오랫동안 건조된 상태로 생명을 유지할 수 있다고 하는데요. 씨몽키는 소금물에 사는 생물이기 때문에 물에 소금만 풀어 주면 바로 부화할 수 있다고 합니다.

204 아무것도 없는데 거미줄 느낌이 나는 이유

아무것도 없는데 거미줄에 걸린 것 같은 느낌을 느껴 본 적 있나요? 대체 왜 그런 느낌이 드는 걸까요?

1. 거미는 집을 짓기 전에 높은 곳에 올라가 바람이 부는 쪽으로 거미줄을 뿜습니다. 이 거미줄이 어딘가에 걸리게 되면 그때부터 거미집을 짓습니다. 따라서 주변에 거미줄을 칠 만한 뭔가가 있다면 이런 거미줄에 맞았을 수 있습니다.

2. 거미는 비행을 하기 위해 거미줄을 뿜기도 합니다. 거미줄을 길게 뿜어 바람을 타고 하늘을 날아갑니다. 이렇게 날고 있는 거미의 거미줄에 걸렸을 때 느꼈을 수도 있습니다.

205 알고 보면 슬픈 꿀벌의 비밀

꿀벌의 침에는 가시가 달려 있어 한 번 침을 쏘면 그 침을 빼내는 게 불가능합니다. 이 상태로 침을 빼는 순간 몸에 있는 내장이 함께 튀어나와 꿀벌은 결국 사망하게 됩니다. 더 슬픈 사실은 이런 꿀벌의 침이 말벌에게는 전혀 통하지 않는다는 것입니다.

말벌은 꿀벌의 애벌레를 즐겨 먹어서 말벌 한 마리만 나타나도 수천 마리의 꿀벌이 순식간에 학살당하게 됩니다. 다행히 꿀벌에게도 숨겨진 필살기가 하나 있는데, 바로 말벌을 감싸 몸을 부르르 떠는 것입니다. 이러면 순간적으로 열이 발생해 말벌을 쪄 죽일 수도 있고, 동시에 산소를 차단해 말벌을 질식사시킬 수도 있다고 하네요.

206 염소가 악마의 상징이 된 이유

수많은 공포영화에서 염소가 악마의 상징으로 묘사된 걸 볼 수 있습니다. 염소는 대체 왜 악마의 상징이 된 걸까요?

염소가 악마의 동물이 된 이유는 종교적인 배경 때문입니다. 예로부터 성경에서는 예수를 따르는 사람을 어린 양, 따르지 않는 사람을 염소라고 비유하며 선과 대비되는 악을 염소로 묘사했는데요. 과거에는 종교의 영향력이 아주 컸기 때문에 이에 영향을 받은 수많은 예술가가 염소를 악마로 비유한 예술품들을 탄생시켰습니다. 뿐만 아니라 그리스 신화에 나오는 헤르메스의 아들 판(Pan)도 염소의 모습을 한 채로 수많은 악행을 저질렀기 때문에 사람들에게 염소가 미움을 받게 되었습니다.

207 염소의 눈이 괴상하게 생긴 이유

염소의 눈은 특이하게 생겼습니다. 눈동자가 동그랗지 않고 네모난데, 대체 염소의 눈은 왜 이렇게 생긴 걸까요? 그 이유는 염소가 살아가는 데 유리한 방향으로 진화했기 때문입니다. 이렇게 생긴 눈은 주변을 더 넓게 볼 수 있다고 합니다. 포식자의 움직임을 빠르게 알아차릴 수 있게끔 진화한 것이지요.

그런데 고양이의 눈은 왜 세로로 길쭉하게 생긴 걸까요? 이건 반대로 먹잇감을 정확하게 포착하기 위해서라고 합니다. 이런 눈은 야간에도 멀리 있는 물체를 확인할 수 있기 때문에 동공을 모을 수 있게끔 진화한 것입니다.

인간의 눈은 특이하게도 흰자위를 가지고 있는데 왜 이렇게 생긴 걸까요? 인간은 눈의 흰자위 덕분에 서로의 시선을 읽을 수 있게 되었고, 이것은 무리사냥에 유리했습니다. 결국 인간도 생존을 위해 지금과 같은 눈을 가지게 된 것입니다.

208 욕 나오는 바퀴벌레의 진화 수준

바퀴벌레의 생존력은 진짜 미친 수준입니다. 인간에게 더 이상 죽임을 당하지 않기 위해 이 정도까지 진화했다고 하는데요. 대체 어떻게 진화한 걸까요?

미국 노스캐롤라이나주립대학교 연구진은 바퀴벌레가 달달한 잼을 먹지 않는다는 사실을 발견했습니다. 그 이유는 바로 바퀴벌레약 때문인데요. 바퀴벌레약은 보통 단맛이 나는데 이걸 먹고 죽은 바퀴벌레가 더 이상 죽지 않기 위해 단맛을 싫어하게끔 진화한 것입니다.

어떤 식으로 진화한 것인지 알아보니, 단맛을 내는 포도당이 든 음식을 먹었을 때 바퀴벌레 내부에서 쓴맛을 인지하는 세포가 반응했다고 합니다. 다시 말해 단맛이 나는 음식을 먹으면 그게 쓴맛이라고 느끼게끔 진화한 것입니다.

209 원숭이에게 점령당한 인간의 도시

태국 롭부리는 원숭이와 사람이 공존해서 살고 있는 도시입니다. 온순한 원숭이들이 사람들이 주는 먹이를 받아먹으며 평화롭게 살아가고 있었는데요. 그런데 어느 순간부터 이 원숭이들이 난폭해지기 시작했습니다. 인간을 공격하고, 집에도 몰래 들어와 난장판을 부렸으며, 심지어 자기들끼리 무리를 지어 집단 패싸움까지 벌였습니다. 이로 인해 태국은 원숭이와의 전쟁을 선포했습니다.

그런데 만약 원숭이에게 공격을 당하면 어떻게 해야 할까요? 가장 중요한 건 원숭이의 눈을 피해야 합니다. 원숭이의 눈을 쳐다보는 건 싸우자는 걸 의미하기 때문에 최대한 빠르게 시선을 피한 다음 거리를 두어 잽싸게 도망가세요.

210 인간의 피부에 살고 있는 특이한 곤충

지금 여러분의 피부에는 곤충이 살고 있습니다. 인간의 얼굴과 귀, 심지어 생식기에까지 살고 있다고 하는데요. 이 곤충의 정체는 뭘까요?

밤이 되면 모낭 밖으로 기어 나와 우리 피부에서 짝짓기를 하는 이 곤충은 바로 모낭충입니다. 사람의 피지를 먹으며 살아가는 곤충이라고 하는데요. 징그럽게 생겼지만 몸길이가 0.3mm밖에 되지 않아 눈으로 찾아내는 건 거의 불가능하다고 합니다.

모낭충은 거의 대부분 사람들의 피부에 살고 있습니다. 오래전부터 인간과 함께 살았다고 하는데 아직까지 우리 몸에 어떤 영향을 끼치는지에 대해서는 정확하게 밝혀진 게 없습니다. 유익한 균이 우리 몸을 지켜주는 것처럼 모낭충이 인간에게 도움을 줄 수도 있다고 합니다.

일반인은 절대 못 들어가는 고통의 섬

이 섬에는 절대 들어가면 안 됩니다. 들어가는 순간 소리를 지르며 고통스럽게 죽게 된다고 합니다. 여기에는 무려 4,000마리가 넘는 독사가 우글거리고 있습니다. 이곳의 정체는 스네이크섬이라 불리는 케이마다 그란지입니다.

여기에는 골든 랜스헤드 바이퍼라는 무시무시한 독사가 살고 있습니다. 이 뱀은 이곳에서만 발견되는 특이한 뱀으로 다른 뱀들에 비해 무려 5배나 강력한 독을 가지고 있습니다. 만약 실수로라도 이 뱀에 물리게 되면 순식간에 살이 녹아 버린다고 합니다.

그런데 이보다 훨씬 더 위험한 섬이 있습니다. 이탈리아의 포베글리아라는 섬에는 뱀이 아닌 귀신이 살고 있다고 합니다. 과거 흑사병이 발생했을 때 수많은 사람이 이 섬에서 사망했는데, 이후 사람들이 귀신을 목격했다는 이야기가 나오자 지금은 아예 출입을 금지시켰다고 합니다.

212 지구상에서 가장 특이하게 생긴 동물 3가지

지구상에서 가장 특이하게 생긴 동물 3가지를 알려 드리겠습니다.

1. 부채머리수리 : 지구상에 존재하는 새 가운데 가장 잘생긴 새로 평가받습니다. 다른 수리와 다르게 아련한 눈과 신기한 머리 깃털을 가지고 있습니다. 힘도 센 편이라 나무늘보나 원숭이 같은 덩치 큰 동물을 사냥하기도 합니다.

2. 우파루파 : 멕시코 중부에 위치한 소치밀코호에 서식하는 점박이도롱뇽으로 아홀로틀이라는 이름으로도 불립니다. 잃어버린 신체를 쉽게 재생하는 능력이 있어 연구용으로 많이 이용됩니다. 현재는 수질오염과 외래종의 유입 등으로 인해 야생 우파루파는 멸종 위기종이 되었습니다.

3. 벌거숭이두더지쥐 : 동아프리카 지역에 살고 있으며 이름에서도 알 수 있듯이 털이 없습니다. 꽤나 흥미로운 동물인데요. 암에도 잘 걸리지 않고 소량의 산소만 있어도 몇 시간을 버틸 수 있기 때문에 현재 이 생물에 대한 연구가 다방면으로 이루어지고 있습니다.

213 잠을 안 자고 평생 짝짓기를 하면 벌어지는 일

잠을 줄이고 평생 성관계를 하면 어떤 일이 벌어질까요? 실제로 짝짓기 중독으로 멸종위기에 처한 동물이 있다고 합니다. 호주 퀸즐랜드 대학교 연구팀에 따르면, 쿠올이라는 작은 생명체의 수컷은 잠도 자지 않고 짝짓기 상대를 찾다가 건강이 매우 악화된다고 합니다.

수컷 쿠올은 짝짓기 상대를 찾기 위해 매일 쉬지 않고 10km가량을 걸어 다니는데요. 인간으로 따지면 매일 40km 마라톤을 뛰는 것과 맞먹는 수준입니다. 이렇게 암컷 쿠올을 찾아 짝짓기를 하고 나면 수컷 쿠올은 건강이 급격히 악화되어 다른 생물의 먹잇감이 되거나 피로로 사망하게 된다고 합니다. 실제로 수컷 쿠올은 1년 정도 살지만 암컷은 4년가량 생존한다고 합니다.

214 죽어 있는 시체도 만지면 절대 안 되는 벌레

이 벌레는 만지는 순간 화상을 입게 되는 무서운 벌레입니다. 실제로 한국에 온 잼버리 참가자들이 이 벌레로 인해 조기 퇴소를 하게 되었다고 하는데요. 대체 이 벌레의 정체는 뭘까요?

화상벌레라고도 불리는 이 벌레의 정체는 바로 청딱지개미반날개입니다. 우리나라 전역에 살고 있는 토착종으로 만지는 즉시 화상과 비슷한 염증을 일으킵니다. 직접 사람을 물지는 않지만 몸에서 페데린이라는 독성물질이 나와 피부에 닿기만 해도 엄청난 고통을 줍니다.

그런데 실수로 이 벌레를 만졌다면 어떻게 해야 할까요? 벌레의 독성 물질이 묻은 상태로 성기나 눈을 만지면 큰일 납니다. 물리면 물이나 비누로 접촉 부위를 바로 씻어 내야 합니다. 보통은 2주 안에 자연적으로 치유되기 때문에 크게 걱정하지는 않아도 됩니다.

215 1,000마리의 사슴과 전쟁을 하는 섬

전라남도 영광군에 위치한 안마도라는 섬에는 140명의 주민과 1,000마리의 사슴이 살고 있습니다. 사람보다 사슴이 훨씬 더 많이 살고 있는데요. 이 사슴들이 농작물을 먹어 치우는 건 물론 산도 황폐화시키고, 심지어 무덤을 파헤치기까지 한다고 합니다. 그래서 주민들은 결국 사슴과의 전쟁을 선포했습니다.

그런데 문제는 이 사슴이 야생동물이 아닌 가축으로 분류되기 때문에 함부로 사냥을 하지 못한다고 합니다. 이 사슴들은 1980년대부터 이곳에 살기 시작했는데, 녹용을 얻기 위해 한 축산업자가 사슴 10마리를 방목한 게 숫자가 늘어나 지금 1,000마리가 되었다고 합니다.

태양을 삼킨 개구리

태양을 삼킨 것처럼 빨간 몸을 가진 개구리가 있습니다. 빨간색은 포식자의 눈에 띄기 쉬워 생존에 불리할 것 같은데, 대체 왜 빨간 몸을 가지게 된 걸까요?

이 개구리의 정체는 코스타리카 정글에 살고 있는 딸기독화살개구리입니다. 신기하게도 다리는 파란색이라 코스타리카 블루진이라고도 불립니다. 이 개구리가 빨간 몸을 가지게 된 이유는 자신의 희생을 통해 동료들을 살리기 위해서라고 합니다.

이 개구리는 공격을 당하면 피부에서 치명적인 독이 나옵니다. 딸기독화살개구리를 물었다가 독을 경험한 포식자들은 두 번 다시 이 빨간 개구리를 먹이로 생각하지 않는다고 합니다. 한 마리의 죽음으로써 무리의 생존 확률이 높아지게 되어 이렇게 진화하게 된 것입니다.

판다가 물구나무를 서서 볼일을 보는 이유

수컷 판다는 특이하게도 물구나무를 서서 소변을 봅니다. 대체 왜 이렇게 불편한 자세로 소변을 보는 걸까요? 그 이유는 짝짓기를 하기 위해서라고 합니다.

판다의 소변에는 수컷 페로몬이 들어 있습니다. 가능한 한 높은 곳에서 이 페로몬을 뿌려야 냄새가 더 멀리 퍼질 수 있기 때문에 짝짓기 상대를 찾을 가능성을 높게 하기 위해 서서 소변을 보는 것입니다. 또한 강아지처럼 자신의 영역을 표시하기 위한 목적도 있다고 합니다.

218 하마가 붉은색 땀을 흘리는 이유

혹시 하마가 땀을 흘리는 걸 본 적 있나요? 하마는 사람과 다르게 붉은색 땀을 흘리곤 합니다. 하마의 땀 색깔이 붉은색인 이유는 히포수도릭산이라는 색소 때문입니다.

하마는 주로 수중생활을 하기 때문에 햇빛으로 인해 피부가 쉽게 상처를 입을 수 있습니다. 따라서 피부를 보호하기 위해 피부에서 자외선 차단 역할을 하는 분비물을 내보내는데, 이것이 바로 히포수도릭산입니다.

재미있는 사실을 하나 더 알려 주자면, 다 큰 하마의 피부는 5cm 정도로 매우 두껍기 때문에 악어가 하마를 있는 힘껏 물어도 치명상을 입힐 수 없다고 합니다.

219 한국에 유난히 고라니가 많이 살고 있는 이유

전 세계에서 고라니가 가장 많이 살고 있는 나라가 바로 한국이라고 합니다. 대체 왜 한국에는 이렇게 많은 고라니가 살고 있는 걸까요?

고라니가 서식 중인 나라는 전 세계에서 중국, 한국 딱 두 곳밖에 없는데요. 신기한 사실은 고라니는 중국보다 한국에 무려 10배나 더 많이 살고 있다고 합니다. 중국에는 고라니를 잡아먹는 대형 맹수들이 살고 있지만, 한국에는 딱히 고라니의 천적이 없어 고라니가 많이 살고 있는 거라고 하네요.

신기한 걸 하나 알려 더 주자면, 고라니는 수영도 할 수 있다고 합니다. 그래서 고라니의 영어 이름은 Water Deer라고 하네요.

220 핵폭발에도 살아남는 지구 최강 생명체

이 동물은 영하 273℃에서도 멀쩡하고, 불에서도 멀쩡하며, 심지어 방사능에 노출되어도 절대로 죽지 않습니다. 심지어 식량이나 물이 없어도 30년 동안 스스로 생존할 수 있다고 하는데요. 대체 이 동물의 정체는 뭘까요?

맨몸으로 우주까지 갔다 왔는데도 멀쩡한 이 동물은 바로 물곰입니다. 곰처럼 네 발로 걸어 다녀 물곰이라는 이름으로 불리기 시작했다고 하는데요. 사실 이름만 곰이고, 실제로는 1mm밖에 안 되는 굉장히 작은 생명체입니다. 워낙 생명력이 강해 지구 최강의 동물이라는 별명까지 붙었다고 하는데, 심지어 이 조그만 동물이 육식 동물이라고 합니다. 신기한 사실을 하나 더 알려 주자면, 이 물곰의 조상은 지금보다 무려 1,000배나 더 컸을 거라고 하네요.

10

아는 척하기
딱 좋은
자투리 지식

221 네잎클로버가 행운을 뜻하게 된 이유

네잎클로버를 발견하면 행운이 생긴다는 말을 들어 본 적 있지요? 그런데 네잎클로버를 발견하면 대체 왜 행운이 생긴다는 걸까요? 여기에는 여러 가지 설이 있는데, 그중 가장 유력한 설은 바로 나폴레옹의 일화에서 나온 것입니다. 나폴레옹이 전쟁 중 네잎클로버를 발견하고 허리를 숙여 주우려는 찰나에 적의 총알이 날아와 다행히 목숨을 건졌다는 이야기에서 네잎클로버가 행운의 상징이 되었다고 합니다.

222 매일 보면서도 이름을 몰랐던 것들

귤에 붙어 있는 하얀 것의 이름은 무엇일까요? 정답은 귤락입니다. 바지 끈에 붙어 있는 단단한 고정 부분은 에그릿, 피자를 고정시켜 주는 삼각대는 피자 세이버, 그리고 배달시키면 오는 비닐 뜯는 칼의 이름은 실링칼입니다.

신기한 건 우리가 대일밴드라고 알고 있던 밴드의 이름은 반창고이고, 스카치테이프가 아니라 셀로판테이프이며, 포크레인이 아니라 굴삭기가 맞는 말이라고 합니다.

세계에서 가장 특이한 법 3가지를 알려 드리겠습니다.

1. 방귀 금지법 : 미국 플로리다주에 있는 특이한 법입니다. 플로리다주에서는 매주 목요일 오후 6시부터 12시까지 공공장소에서 방귀 뀌는 걸 금지합니다. 방귀는 타인에게 불쾌감을 주고 공기를 오염시키기 때문에 이러한 법안이 만들어진 것이라고 하네요.

2. 호흡세 : 베네수엘라 볼리바르 국제공항에서는 2014년부터 공항을 이용하는 승객들에게 숨을 쉬는 비용으로 20달러의 세금을 부과하고 있습니다. 다시 말해 숨만 쉬어도 20달러를 내야 하는 것이죠.

3. 스마트폰 금지법 : 하와이에서는 2017년부터 산만한 보행 금지법이 시행되고 있습니다. 다시 말해 길거리에서 스마트폰을 하면서 걸어 다니게 되면, 최고 95달러의 벌금을 내야 합니다. 핸드폰뿐만 아니라 태블릿PC, 전자책도 걸어 다니면서 사용할 수 없다고 하네요.

224 보도블록이
같은 모양으로 생긴 이유

보도블록을 보면 지그재그 모양이 많습니다. 대체 왜 이런 걸까요? 결론부터 말하자면, 보도블록의 맞물림을 고려해 지그재그 모양으로 블록을 제작한 것이라고 합니다. 이렇게 서로 맞물리게 되면 훨씬 더 견고해지기 때문입니다.

간혹 지그재그가 아닌 모양의 보도블록도 있는데 이건 단순히 유행이 바뀌었기 때문입니다. 보도블록도 패션과 마찬가지로 유행에 따라 디자인이 바뀝니다. 과거에는 그냥 흙바닥에 보도블록을 깔기도 했는데, 지금은 디자인을 고려해 다양한 블록이 나오고 있습니다.

225 비행기가 이착륙할 때
창문덮개를 꼭 올려야 하는 이유

비행기가 이륙하거나 착륙하기 전에 "창문덮개를 올려 주세요!"라고 하잖아요? 대체 왜 그런 걸까요? 그 이유는 마의 11분에 벌어지게 될 사고를 미리 예방하기 위해서입니다. 비행기 사고의 80%가 이륙 후 3분, 착륙 전 8분 안에 일어난다고 하는데요. 이때 창문덮개가 올라가 있어야 바깥 상황을 빠르게 파악하고 대처할 수 있기 때문입니다.

"아니 문제가 생기면 올리면 되잖아?"라고 생각할 수 있지만, 갑자기 비상착륙을 하면 기체의 충격으로 인해 창문덮개를 올리기 어렵고, 그러다 보면 외부 상황을 파악할 수가 없기 때문에 이착륙 전에 꼭 창문덮개를 올리는 것입니다.

226 사람들이 몰랐던 충격적인 사실 3가지

사이다는 사실 탄산음료가 아니라 술입니다. 실제로 외국에서 사이다를 달라고 하면 사과맛이 나는 알코올음료를 줍니다. 이게 일본으로 전해졌고, 다시 한국으로 들어오는 과정에서 지금과 같은 탄산음료가 되었습니다.

알고 있었다고요? 그럼 이건 어떤가요? 감기는 사실 엄청나게 야한 단어입니다. 감기라는 단어는 감기 귀신에서 유래한 말인데요. 이 감기 귀신은 성기를 2개나 가진 왕자였다고 합니다. 이 귀신이 콧구멍에 욕망을 풀기 시작했고, 이로 인해 감기에 걸리면 콧물이 나게 되는 것이라고 합니다.

또 하나, 엄청 뜨거운 물에 손을 대면 순간적으로 차갑게 느껴진다는 사실 알고 있었나요? 이건 열을 감지하는 신경과 추위를 감지하는 신경이 붙어 있기 때문이라고 합니다.

227 세상에서 가장 어이없는 노벨상

비스킷을 음료에 가장 맛있게 적셔 먹는 과학적인 방법, 직장 상사 대신 저주인형을 찌르면 스트레스 해소와 업무에 도움이 되는 과학적인 이유…. '이게 뭐야?'라고 생각할 수도 있지만, 실제로 실험을 통해 노벨상을 받은 주제들입니다. 최근에는 한국인도 상을 받았다고 합니다.

바로 괴짜들의 노벨상이라고 불리는 이그노벨상입니다. 딱딱한 과학을 조금 더 친근하고 대중적으로 만들기 위해 노벨상을 패러디하여 만든 것이라고 하는데요. 무려 하버드대학교에서 이 대회를 만들었다고 합니다.

수상 기준은 Laugh & Think! 사람들을 웃게 만들고, 그 뒤에는 생각할 거리를 줘야 합니다. 상금으로 무려 10조 짐바브웨 달러를 준다고 하는데, 이는 한화로 대략 1만 원에 거래되고 있습니다.

228 세계에서 가장 많이 부르는 노래

세계에서 사람들이 가장 많이 부르는 노래는 무엇일까요? 정답은 바로 'Happy Birthday to You(생일 축하곡)'입니다. 이 노래는 세계에서 가장 많이 불리는 노래로 기네스북에까지 등재되었습니다. 심지어 미

국 음반제작자협회가 선정한 20세기 최고의 히트곡으로도 선정되었다
고 합니다.

서양인들이 13을
불길한 숫자로 여기는 이유

가장 싫어하는 숫자는 무엇인가요? 동양에서는 4가 한자의 죽을 사
(死)와 발음이 같아 4를 불길한 숫자로 여기지만 서양에서는 13을 불길
한 숫자로 여깁니다.

그 이유는 여러 가지가 있습니다. 먼저 북유럽 신화를 보면 신들의
궁전인 발할라에서 잔치가 열렸을 때 초대받은 12명의 신 말고 초대받
지 않은 13번째 신인 로키가 등장했는데, 그때부터 불행이 시작되었다
고 하여 13이 불행의 숫자
가 되었습니다. 또한 성경
에도 13번째 손님인 유다
가 예수를 팔아넘기는 내
용이 있어서 13이 불행을
뜻하게 되었다고 합니다.

230 실제로 좀비를 만든 사람들

아이티에는 주술을 사용하는 부두교가 있는데, 영국 BBC에서 보도를 했을 정도로 유명합니다. 부두교에서 죽은 시체를 부활시켜서 노예로 부렸다고 합니다. 아이티에서 벌어진 실제 사건입니다.

미국의 데이비드라는 과학자가 이 진실을 파헤치기 위해 직접 아이티로 갔습니다. 그리고 거기서 실제로 시체에서 부활한 좀비를 봤다고 합니다. 데이비드는 이 비밀을 파헤치다가 2가지 가루를 목격하게 되었는데, 각각 복어와 타란튤라의 독이었습니다. 복어의 독으로 신경을 마비시켜 일시적으로 사람을 죽게 한 다음, 환각을 일으키는 타란튤라의 독을 사용해 좀비 상태로 만들어 노예로 부린 것입니다.

231 아마존의 로고에 화살표가 있는 이유

세계적인 전자상거래 기업인 아마존의 로고를 본 적 있나요? 이 로고를 보면 화살표가 하나 있는데요. 이 화살표는 대체 무엇을 의미하는 걸까요?

자세히 살펴보면 화살표가 A에서 출발해 Z를 가리키고 있습니다. 즉 A부터 Z까지 모든 상품을 전달해 준다는 의미로 화살표를 넣었다고 합니다. 다시 말해 아마존에는 없는 게 없다는 걸 보여 주기 위해 이 화살표를 넣은 것입니다. 이 화살표는 사람의 웃는 모습을 형상화했다고도 합니다.

232 연필의 B와 HB는 뭘까?

연필은 종류가 다양합니다. 크게 B연필과 HB연필이 있는데, B와 HB는 무슨 뜻일까요?

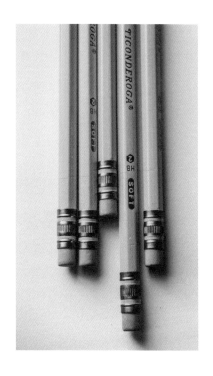

우선 B부터 알아보면, 영어로 검은색을 뜻하는 Black(블랙)의 앞글자에서 따온 것입니다. HB는 영어로 딱딱하다는 의미인 Hard(하드)와 검은색을 뜻하는 Black(블랙)의 앞글자에서 따왔습니다. 즉 B연필은 검은색이 진한 연필이고, HB연필은 진하기와 딱딱함을 함께 가지고 있는 연필입니다.

**우리의 일상 속에
숨어 있는 신기한 지식**

맥플러리 숟가락에 구멍이 뚫려 있는 이유는 무엇일까요? 그 이유는 오레오를 아이스크림에 섞어 주기 위해서라고 합니다. 아이스크림 믹서기에 꽂아 주기만 하면, 이 맥플러리 숟가락이 아이스크림을 섞어 준다고 합니다. 직원들의 노동력도 아끼고 더 청결하게 할 수 있게끔 숟가락을 믹서기로 쓰는 것입니다.

더 신기한 사실은 너구리 컵라면에 뜨거운 물을 붓고 4분만 기다리면 너구리 눈에서 하트가 나온다는 겁니다. 그리고 불을 켠 성냥을 조명에 비춰 보면 놀랍게도 그림자가 없습니다. 덧붙이자면 성냥보다 라이터가 더 먼저 발명되었습니다.

**22년간 손톱을 자르지 않아
기네스북에 등재된 여성**

이 여성이 22년간 손톱을 자르지 않은 이유는 무엇일까요? 2022년 『뉴욕포스트』는 세계에서 가장 긴 손톱을 가진 다이애나 암스트롱의 사연을 보도했습니다. 다이애나는 약 1,307cm 길이의 손톱을 가져 기네스 세계 기록에 등재된 여성인데요. 그녀는 1997년에 마지막으로 손톱을 자른 뒤 현재까지 무려 25년 동안 계속해서 손톱을 기르고 있습니다.

그런데 다이애나가 손톱을 기르게 된 슬픈 사연이 밝혀졌습니다. 그녀의 딸 라티샤는 다이애나의 손톱을 깎아 준 직후 갑작스러운 천식으로 인해 사망하게 되었고, 이로 인해 다이애나는 라티샤가 자신의 손톱을 마지막으로 손질해 준 사람이길 바라는 마음으로 25년째 손톱을 기르고 있는 것이라고 합니다.

235 초록불을 보고 파란불이라고 하는 이유

대체 왜 횡단보도의 초록불을 보고 파란불이라고 하는 걸까요? 그 이유는 과거에는 초록불이라는 개념 자체가 존재하지 않았기 때문입니다. 원래 우리말에서 색깔을 나타내는 고유어는 검다, 희다, 붉다, 푸르다, 누르다 이렇게 5가지밖에 없었습니다. 초록색과 파란색은 유사한 색이기 때문에 우

리 조상들은 두 색깔을 합쳐 모두 파란색이라고 불렀던 것입니다. 마찬가지로 일본인들도 초록불을 파란불이라고 부른다고 하네요.

236 7이 행운의 숫자인 이유

럭키세븐이라는 말 들어 본 적 있나요? 우리나라뿐만 아니라 전 세계적으로 7을 행운의 숫자로 여기며 럭키세븐이라고 부릅니다. 그렇다면 7은 어떻게 행운의 숫자가 된 걸까요?

결론부터 말하자면, 종교에서 시작된 것이라고 합니다. 기독교에서는 하나님이 6일 동안 세상을 창조하고 7일째에 안식을 취했다고 하고, 노아의 방주 이야기에서도 홍수가 난 뒤 7일이 지나 비가 그쳤음을 확인했다고 합니다. 불교에서도 석가모니가 7년 동안 고행 생활을 했으며, 7주간 보리수나무 아래에서 해탈의 기쁨에 잠겨 있었다고 합니다.

이처럼 세계에서 영향력이 큰 두 종교에서 7이 중요한 의미를 가지다 보니 그 영향을 받은 나라에서 이를 귀하게 여기며, 7이 행운의 숫자가 된 것입니다.

237 크리스마스는 사실 12월 25일이 아니다

크리스마스의 비밀을 알려 드리겠습니다. 사실 12월 25일은 크리스마스가 아닙니다. 이게 무슨 소리냐고요? 크리스마스는 예수의 탄생을 기념하는 날인데 사실 예수님은 12월 25일에 태어나지 않았습니다.

실제로 성경 어디에도 예수의 탄생일이 12월 25일이라는 내용이 나오지 않습니다. 역사학자들에 따르면, 예수님은 겨울이 아닌 봄에 태어났을 가능성이 높다고 합니다. 그럼 왜 12월 25일이 크리스마스가 되었을까요? 그 이유는 당시 로마가 사용하던 율리우스력에서 한 해 중 가장 해가 짧고 어두운 날이 12월 25일이었기 때문입니다.

이렇게 어둠이 짙은 날에 믿음과 사랑의 등불을 밝히고자 이날을 크리스마스로 정했다고 합니다. 다시 말해 12월 25일은 예수 탄생일이 아니고 예수 탄생 기념일이라고 하는 게 더 알맞습니다.

238 하루가 24시간인 이유

하루가 24시간이 된 건 대략 기원전 4000년부터입니다. 세계에서 가장 오래된 문명 중 하나인 수메르 문명에서부터 24시간이라는 개념이 시작되었습니다. 수메르인들은 지시하는 손가락인 엄지손가락을 제외한 나머지 손가락들의 마디로 수를 세었다고 합니다. 이 마디가 한 손에 12개씩, 양손을 합해 24개이기 때문에 하루의 시간이 총 24시간이 된 것입니다. 그 당시 양손으로 셀 수 있었던 수의 한계가 24였기 때문에 하루의 시간도 24시간이 된 것이죠.

11

아는 척하기
딱 좋은
철학 상식

239 검은색이라고 해서 다 같은 검은색이 아니다

　우리가 보는 검은색은 검은색이 아닙니다. 그냥 검은색이라고 말하는 것일 뿐이죠. 제가 보는 검은색과 여러분이 보는 검은색은 완전히 다를 수도 있습니다.

　이게 무슨 말이냐고요? 무언가를 본다는 것은 특정 물체에 반사된 빛이 눈으로 들어와, 뇌에서 이미지를 만들어 내는 것에 불과합니다. 다시 말해 각자가 보는 검은색은 완전 다를 수 있다는 말입니다. 우리가 검은색이라 부르기로 약속했기 때문에 똑같이 검은색이라고 부르는 것일 뿐이죠. 여러분은 지금 여러분이 보는 걸 100% 믿나요?

240 내가 하나의 지구일 수도 있는 이유

'내가 바로 지구다!' 정확히 말하자면, 나 자신이 하나의 우주일 수 있습니다. 뇌세포와 우주의 구조, 세포 분열과 별의 죽음, 사람의 눈과 성운의 모습까지 나와 우주는 굉장히 비슷하게 생겼습니다.

실제로 프랙털 이론에 따르면, 이 세상 모든 물체는 자기유사성을 지니고 있습니다. 쉽게 말해 특정 도형의 작은 일부를 확대하면 그 도형의 전체 모습이 똑같이 반복된다는 말인데요. 우주 안에 지구가 있고, 지구 안에 내가 있고, 내 안에 우주가 있고, 그 안에 지구가 있을 수도 있다는 말입니다. 물론 이건 하나의 이론일 뿐입니다.

그런데 말이죠. 과연 내가 먼저일까요? 세상이 먼저일까요? 우리는 세상이 존재하고, 그 세상 속에 나라는 존재가 있다고 생각합니다. 하지만 이 모든 게 나라는 사람에 의해 만들어진 세상이라면 어떨까요? 영화를 보다가 스크린을 껐습니다. 영화 속에 존재하던 세상도 없어졌습니다. 만약 내가 없다면 이 세상은 그대로 있을까요? 아니면 사라져 버릴까요?

241 달걀보다 닭이 먼저입니다

닭이 먼저일까요? 달걀이 먼저일까요? 지금까지 아무도 정답을 찾을 수 없었는데, 최근 영국에서 이 비밀을 밝혀냈다고 합니다. 셰필드 대학교 연구팀은 슈퍼컴퓨터를 통해 달걀의 구조를 분석했는데요. 여기서 OC-17이라는 단백질 성분이 달걀 형성에 꼭 필요한 역할을 한다는 걸 발견했습니다.

그런데 신기한 건 OC-17이 닭의 난소에서만 만들어진다는 사실입니다. 다시 말해 닭이 있어야 OC-17이라는 성분이 만들어지고, 이 성분이 있어야 달걀이 만들어질 수 있다는 것입니다.

"아니, 그럼 최초의 닭은 어디서 왔지?"

여러분들의 생각은 어떤가요?

242 대한민국이 사실 존재하지 않는 이유

혹시 대한민국이라는 나라는 존재하지 않는다는 사실을 알고 있나요? 대한민국이 왜 존재하지 않는지에 대해 지금부터 설명하겠습니다. 유발 하라리가 쓴 『사피엔스』라는 책에는 이런 구절이 있습니다. "인류가 공유하는 상상 밖에서는 우주의 신도, 국가도, 돈도, 인권도, 법도, 정의도 존재하지 않는다." 쉽게 설명하자면, 국가라는 것은 단순히 인류의 상상에 불과하다는 것입니다.

아마 여기서 '뭔 소리야. 내가 지금 대한민국에 살고 있고, 내가 대한민국 사람인데 어떻게 이게 상상이라는 거지.'라고 생각할 수도 있습니다. 그런데 여기서 중요한 건, 내가 지금 대한민국에 살고 있고, 내가 지금 대한민국 사람이라는 게 바로 상상이라는 것입니다. 그리고 이건 나 혼자만의 상상이 아니라 모든 인류가 함께 하는 상상이라는 것이죠.

자세히 생각해 보면 국가라는 것은 그냥 지구상에 선을 찍 그어 놓고 "이게 국가다."라고 말한 것에 불과합니다. 국가라는 개념은 사실 실제로는 존재하지 않는 것입니다. 과거에 누군가가 이걸 만들어 냈고, 이렇게 만들어 낸 걸 모든 사람이 믿기 시작했기 때문에 대한민국이라는 나라가 탄생하게 된 것입니다. 대한민국뿐만 아니라 다른 국가들도 마찬가지입니다.

243 돈에 숨은 비밀

사실 돈은 숫자가 찍힌 종이에 불과할 뿐이죠. 그런데 왜 인간은 이 숫자가 찍힌 종이를 돈이라고 믿으며 살아갈까요? 그건 바로 인간의 신기한 언어 능력 덕분입니다.

예를 들어, 인간과 원숭이가 동시에 사자를 발견했다고 가정해 봅시다. 원숭이는 아마 이렇게 말하겠죠. "포식자! 위험해! 우끼끼!" 하지만 인간은 이렇게 말할 수 있습니다. "내가 아까 산책을 하다가 저 밑에서 사자를 봤는데, 아마 10분 안에 여기로 올 거야. 일단 숨어 있자."

그런데 더 신기한 사실은 인간은 이렇게도 말할 수 있습니다. "우리를 보호해 주는 건 사자신이야! 우리 모두 사자신을 숭배하자!" 이처럼 인간은 실제로 존재하지 않는 무언가를 믿고 말할 수 있는 특별한 능력을 가지고 있습니다.

따라서 모든 사람이 숫자가 찍힌 종이를 돈으로 믿으며, 서로간에 거래도 할 수 있는 것입니다.

244 맞는 걸까요?
틀린 걸까요?

"이 문장은 틀렸습니다."
이건 맞는 문장일까요? 틀린
문장일까요? 모르겠다고요?

바로 다음 문제를 내 보겠
습니다. 삽이 있는데, 손잡이
가 망가져 손잡이만 교체했습
니다. 그렇게 삽을 쓰다 보니
까 머리 부분도 부서져 여기
만 추가로 따로 교체했습니
다. 그럼 이건 제가 원래 쓰던
삽과 똑같은 삽일까요? 아니
면 아예 다른 삽일까요?

또 다른 예시를 들어 보겠습니다. 이순신 장군이 사용하던 거북선이
발견되었는데, 부품이 너무 낡아서 새로운 부품으로 전부 다 갈아 끼웠
습니다. 그럼 이건 이순신 장군이 사용하던 거북선일까요? 아니면 완
전히 새로 만든 거북선일까요?

너무 어렵지 않나요? 그런데 신기한 것을 하나 더 알려 주자면, 우리
몸을 구성하는 대부분의 세포도 7년 주기로 계속 바뀌고 있습니다. 그
렇다면 7년 전의 나와 지금의 나는 같은 사람일까요? 아니면 다른 사람
일까요?

245 세상에서 가장 어려운 문제

축하합니다! 당신은 세상에서 가장 어려운 문제를 풀게 되었습니다. 피자는 왜 동그란데 세모난 모양으로 잘려 네모난 상자에 배달되는 걸까요? 모르겠다고요? 그럼 다음 문제를 맞혀 보세요.

타임머신을 타고 과거로 돌아가 할아버지를 살해했습니다. 제가 할아버지를 살해하면 저는 존재하지 않을 것이고, 제가 존재하지 않는다면 할아버지를 살해한 사람도 없어지게 되는데요. 이게 가능한 걸까요?

이런 문제는 어떤가요? 엄마와 아이가 길을 걷고 있는데, 갑자기 악어가 나타나 아이를 물었습니다. 엄마는 악어에게 아이를 놓아 달라고 했습니다. 그러자 악어는 이렇게 말했습니다.

"내가 아이를 놓아줄지 안 놓아줄지 맞히면 아이를 놓아줄 거다!"

그러자 엄마는 "너는 아이를 안 놓아줄 거야!"라고 대답했는데요. 그럼 악어는 아이를 놓아주는 걸까요? 안 놓아주는 걸까요?

246 스님에게 빗을 파는 방법

스님에게 빗을 팔 수 있으면 1,000만 원을 드리겠습니다! '엥? 스님은 머리카락이 없는데 어떻게 빗을 팔아?'라고 생각하겠지만, 실제로 한 회사의 직원들에게 주어진 문제였습니다. 대부분의 직원은 포기했지만, 3명의 직원이 결국 빗을 팔았습니다.

첫 번째 직원은 절에 갔더니 머리를 긁적거리는 스님이 있어 빗 1개를 팔았습니다.

두 번째 직원은 스님에게 절에 오는 신자들을 위해 빗을 비치해 놓으라고 설득해 빗 10개를 판매했습니다.

마지막 직원은 무려 1,000개의 빗을 팔았습니다. 그는 스님에게 멀리서 찾아오는 신자들에게 뜻 깊은 선물을 하면 좋을 거라며, 빗에 '선을 쌓는 빗'이라는 문구를 새겨 사람들에게 선물하라고 설득했습니다.

247 세상은 가짜일 수도 있습니다

이 세상은 가짜입니다. 무슨 말이냐고요? 말 그대로 이 세상이 가짜일 수 있다는 말입니다. 말도 안 되는 소리라고 생각한다면, 질문을 하나 하겠습니다. 진짜는 뭐고 가짜는 뭘까요? 진짜 세상은 어떤 세상이고, 가짜 세상은 어떤 세상일까요? 만약 게임 속 세상이 가짜 세상이고, 우리가 살고 있는 세상이 진짜 세상이라면 이 세상은 가짜일 수도 있습니다. 어떻게 우리가 살고 있는 세상이 진짜라고 확신할 수 있을까요?

예를 들어 보겠습니다. 실제로 몇 달 전에 진행된 실험이 하나 있습니다. 챗GPT를 기반으로 25명의 NPC를 만들고, 각각의 NPC에게 특성만을 부여한 다음 가상의 마을에 모여 살게 했습니다. 그러자 신기하게도 이 NPC들은 진짜 사람처럼 행동했습니다.

시장 선거에 대해서도 이야기를 나누고, 파티를 열어 자신이 짝사랑하는 남자를 초대하기도 했습니다. '배고프면 밥을 먹어!'라는 알고리즘이 없어도 스스로 판단하고 행동한 것입니다. 실제로 이런 NPC들에게 "이 세상은 가짜야!"라고 말하면 화를 내기도 하고, 그만 하라며 소리를 지르기도 합니다.

그런데 우리가 이런 NPC가 아닐 확률은 얼마나 될까요? 아마 굉장히 낮을 것입니다. 수많은 시뮬레이션 가운데 진짜 세상은 단 하나밖에 없을 테니까요. 실제로 수많은 시뮬레이션이 있고, 그 안에서 또 다른 시뮬레이션을 만든다면 우리가 사는 세상은 과연 진짜일까요?

이중 슬릿 실험에 따르면, 우리가 관측하는 순간 파동이 전자로 바꿰게 됩니다. 쉽게 말해 우리가 무언가를 봐야 무언가가 생긴다는 것입니다. 그런데 게임 속에서도 우리가 무언가를 봐야 무언가가 생깁니다. 우리가 보는 시점에서는 사람들이 움직이지만, 보지 않는 곳에서는 아무것도 존재하지 않습니다. 이게 더 효율적이니까요.

양자역학의 핵심 이론은 불확정성의 원리입니다. 어떠한 물체는 확정된 값을 가진 게 아니라 확률에 따라 그 값이 계속 변한다는 것입니다. 우리가 관측할 때 존재하는 것들이 관측하지 않으면 사라지는 것과 마찬가지로요.

어떤 게 진실인지 확실하게 알아낼 수 있는 방법은 없습니다. 이건 그저 누군가의 머릿속에서 나온 사고실험일 뿐입니다. 그런데 신기하게도 오래전부터 우리 조상들은 비슷한 고민을 하며 살아왔습니다.

이 세상이 가짜 세상일 수도 있다는 고민은 꽤 오래전부터 시작되었습니다. 소크라테스의 제자 플라톤은 우리가 사는 세상이 진짜 세상의 그림자일 뿐이라고 말했습니다. 우리는 그저 컴컴한 동굴에 묶여 평생 바깥세상의 그림자만을 보고, 그것이 진실이라고 믿는 사람들에 불과하다고 합니다.

플라톤에 따르면, 진짜 세상은 동굴 밖 이데아에 존재합니다. 만약 진짜 세상을 본 사람이 돌아와 진짜 세상이 바깥에 있다고 하면, 그 사람은 미친 사람 취급을 받을 것입니다. 동양에서도 마찬가지로 장자의 호접몽을 보면 현실과 꿈의 구별이 어렵다고 하죠.

그런데 제가 진짜로 하고 싶은 말은 바로 이것입니다. 만약 이 세상이 진짜로 시뮬레이션이라면 크게 달라지는 게 있을까요? 어차피 우주적인 관점에서 보면 우리는 굉장히 작은 존재인데 말이죠. 우리가 할 수 있는 건 그저 사랑하는 사람들과 매일을 행복하게 사는 걸지도 모릅니다.

248 | 어떤 속도가 맞을까요?

지구는 이 순간에도 굉장히 빠른 속도로 회전하고 있습니다. KTX보다 무려 6배나 더 빠른 속도로 돌고 있는데요. 만약 비행기를 탄 상태로 지구의 자전 방향과 같은 방향으로 날아가게 되면 우리는 훨씬 더 빠른 속도로 목적지에 도착할 수 있을까요?

이게 무슨 말이냐고요? 다른 예를 들어 보겠습니다. 지하철은 시속 30km의 속도로 운행되고 있습니다. 이때 우리가 지하철을 탄 상태로 점프를 하면 우리는 처음 뛰었던 곳보다 조금 더 뒤에 착지하게 될까요?

마찬가지로 지하철에 파리가 날아다니고 있다면 이 파리는 지하철을 타고 있는 걸까요? 아니면 시속 30km의 속도로 날고 있는 걸까요?

249 | 엉덩이의 개수는 1개입니다

엉덩이는 1개일까요? 2개일까요? 엉덩이가 2개라고 생각한다면 이 글을 끝까지 보고 반박해 주세요. 엉덩이는 1개입니다. 그 이유는 우리가 팬티를 1개만 입기 때문입니다. 손과 발은 2개이기 때문에 장갑이나 양말을 양쪽에 각각 착용하지만, 엉덩이는 하나이기 때문에 팬티를 하나만 입는 것입니다. 또 손과 발은 2개이기 때문에 '양손'과 '양발'이라는 단어를 쓰지만, 엉덩이를 두고 '양엉덩이'라고 말하는 사람은 없습니다.

여기서 엉덩이가 2개라고 주장하는 사람들은 "아니, 딱 봐도 엉덩이는 2개잖아. 오른쪽하고 왼쪽으로 나누어져 있으니 당연히 2개지."라고 말합니다. 이에 대해 반박하자면, 이건 엉덩이가 2개인 게 아니라 하나의 엉덩이에 왼쪽 부분과 오른쪽 부분이 있는 것일 뿐입니다. 뇌도 좌뇌와 우뇌로 나뉘어져 있지만, 이것 때문에 뇌가 2개라고 말하지 않는 것과 같은 논리인 것이죠.

250 인간이 쌀의 노예일 수도 있다

『사피엔스』라는 책을 보면 이런 구절이 나옵니다. "농업혁명은 역사상 최대의 사기였다." 즉 인간이 농사를 지으며 불행해지게 되었다는 것입니다. 우리는 인간이 곡물을 길들였다고 생각하지만, 사실은 인간이 곡물에게 길들여진 걸지도 모릅니다. 수많은 잡초 중 하나였던 벼는 인간을 만나며 세계 곳곳에서 자라나게 되었습니다. 다시 말해 벼와 밀은 인간을 만나 지구에서 가장 성공한 식물이 될 수 있었습니다.

'아이고… 어디서 벌레가….', '주인님 잘 자라세요.' 같은 과정을 거치며 인간이 훨씬 더 많은 노동을 하게 되었다는 것이죠.

이럴 때는
어떻게 하겠습니까?

큰일 났습니다! 당신은 기차를 운전하는 기관사인데 브레이크가 고장 나 버렸습니다. 이대로 가면 앞에 있는 인부들과 충돌할 상황입니다. 직선으로 가면 4명의 인부와 충돌하고, 비상철로로 기차를 돌리면 1명의 인부와 충돌하게 됩니다. 이 상황에서 당신은 어떻게 할 건가요?

아마 1명을 희생시켜 4명의 목숨을 구할 것입니다. 그렇다면 이건 어떨까요? 똑같은 상황에서 옆에 있는 뚱뚱한 구경꾼을 철로로 밀면 4명의 목숨을 구할 수 있습니다. 이 상황에서 당신은 똑같이 1명을 희생시켜 4명의 목숨을 살릴 건가요? 아마 이번에는 옆에 있는 구경꾼을 밀지 않을 겁니다.

숫자만 보면 1명을 희생시켜 4명을 살리는 건 똑같은데, 왜 첫 번째는 괜찮고, 두 번째는 괜찮지 않은 걸까요?

252 인간이 가장 강력한 생명체가 된 이유

인간과 침팬지의 DNA는 무려 98.8%가 일치한다고 합니다. 다시 말해 인간과 침팬지의 차이점은 고작 1.2%밖에 되지 않는다는 것입니다. 그렇다면 인간은 어떻게 이렇게 거대한 문명을 만들어 낼 수 있던 걸까요? 인간이 지구상에서 가장 강력해질 수 있었던 이유는 무엇일까요?

유발 하라리 교수의 주장에 따르면, 다른 동물에게는 없고 인간에게만 있는 특별한 능력은 바로 집단적 상상이 가능하다는 것입니다. 이 집단적 상상에는 국가, 돈, 인권, 법, 정의 등이 포함되어 있습니다. 쉽게 설명하기 위해 여러분이 미국에 갔다고 가정해 보겠습니다. 여러분이 미국에 도착하면 미국 사람들이 갑자기 여러분을 공격하는 일이 발생할까요? 아마 그런 일이 흔하게 일어나지는 않을 것입니다. 왜냐하면 모든 인간은 인권과 정의, 법이라는 개념을 믿기 때문에 함부로 다른 사람들을 공격하지 않습니다.

하지만 한국 침팬지가 미국에 가면 아마 높은 확률로 미국 침팬지 무리에게 공격당하게 될 것입니다. 왜냐하면 인간과 다르게 침팬지들에게는 정의와 법이라는 개념이 없기 때문입니다. 인간은 단순히 부족 단위로 이런 개념을 믿는 걸 넘어 지구상에 있는 모든 인간이 이런 개념을 공통적으로 믿을 수 있습니다. 그 때문에 수많은 인간이 통합될 수 있었고, 결국 이렇게 거대한 문명을 만들어 낼 수 있었던 것입니다.

253 인간이 세상에서 가장 강한 이유

동물들은 왜 인간을 무서워할까요? 알고 보면 동물들이 더 힘셀 텐데 말이죠. 그 이유는 인간이 유일하게 실제로 존재하지 않는 걸 상상해 낼 수 있기 때문입니다.

무슨 말이냐고요? 인권이라는 건 실제로 존재하는 걸까요? 아니, 실제로 존재하는 건 아닙니다. 다만 모든 사람이 상상의 무언가를 지키자고 합의를 했기 때문에 지켜질 수 있는 것입니다.

그런데 이게 동물하고 무슨 관련이 있냐고요? 이 상상 덕분에 모든 인간이 협력할 수 있었습니다. 만약 한국에 사는 원숭이가 갑자기 내일 미국에 사는 원숭이 무리에게 떨어진다면 높은 확률로 학살당하게 될 것입니다. 왜냐하면 서로 같은 편이 아니기 때문입니다. 하지만 인간은 같은 상상의 개념을 공유하기 때문에 서로 도와주고 협력할 수 있습니다.

'우리는 같은 법을 믿는 사람이다.', '같은 신을 믿는 사람이다.', '같은 인권을 믿는 사람이다.'와 같은 개념을 공유하기 때문에 결국 지구적인 통합을 이뤄 낼 수 있었던 것입니다.

1+1=2는
2가 아닐 수도 있다

1+1은 2가 아닙니다. 생각해 보세요. 큰 돌과 작은 돌이 있는데, 이 2개를 합하면 2가 되는 게 맞는 걸까요? 불공평한 거 같은데…. 이 큰 돌 하나를 쪼개면 작은 돌 5개는 만들 수 있을 텐데 어떻게 이게 같은 1이라는 숫자를 부여받을 수 있고, 2개를 합치면 2가 될 수 있는 걸까요?

마찬가지로 물 2개를 합쳐 보겠습니다. 그럼 신기하게도 물은 1개가 됩니다. 찰흙도 마찬가지로 2개를 합치면 1개가 되는데요. 그렇다면 1+1은 2가 아니라 1이 될 수도 있는 것 아닐까요?

실제로 1+1=2라는 공식은 우리가 이해해서 아는 개념이 아니라 단순히 외워서 아는 개념입니다. 이걸 설명하는 건 사실 쉬운 일이 아닌데요. 실제로 수학자 러셀과 화이트헤드는 이 간단한 공식을 무려 300페이지가 넘는 내용으로 증명했습니다.

사실 1+1=2가 맞지만, 단순히 무언가를 외운다고 그게 절대적인 정답은 아닐 수도 있다는 사실을 한 번쯤 생각해 봤으면 합니다.

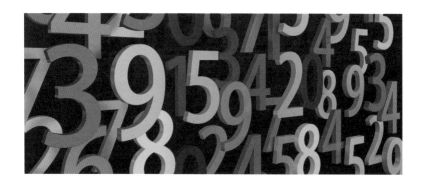

255 전지전능한 신이라도 불가능이 있을 수 있다

이건 진짜 모를 걸요? 피노키오는 거짓말을 하면 코가 길어집니다. 그런데 만약 피노키오가 이렇게 말하면 어떻게 될까요?

"제 코는 곧 길어지게 될 거예요!"

만약 코가 길어지지 않는다면 이 말은 거짓말입니다. 따라서 피노키오의 코가 길어지게 될 텐데요. 그런데 만약 코가 길어졌다면 이 말은 거짓말이라는 뜻이고, 그 말은 코가 애초에 길어지면 안 된다는 말입니다.

이게 무슨 말이냐고요? 조금 더 쉽게 설명하겠습니다. 세상 모든 것을 조종할 수 있는 전지전능한 신이 있습니다. 만약 이 신이 자기 자신도 들 수 없는 무거운 바위를 만든다면 신은 이 바위를 들어 올릴 수 있을까요?

전지전능하기 때문에 신에게는 불가능이 없어야 할 텐데 자기도 못 드는 바위를 스스로 만든다면 어떻게 될까요?

제발 아프리카를 도와주지 마세요

"아프리카를 그만 도와주세요!"

실제로 아프리카 출신 경제학자가 했던 말입니다. 선진국에서 말라리아 예방을 위해 보낸 모기장이 아프리카를 파괴하고 있다고

합니다. 이렇게 받은 수많은 원조로 인해 아프리카가 망해 간다는 것입니다.

이게 무슨 말이냐고요? 외국에서 들어온 수많은 공짜 모기장으로 인해 현지 모기장 업체가 파산하게 되었습니다. 더 좋은 물건을 그냥 받을 수 있는데 굳이 돈을 쓸 필요가 없기 때문이죠.

그렇게 아프리카는 자급자족을 할 수 없게 되고, 계속해서 원조에 의존하며 살아갈 수밖에 없습니다. 이게 반복되다 보면 아프리카는 평생 가난하게 살 수밖에 없는데요. '그럼 어쩌라는 거야?'라고 생각할 수도 있지만, 물건이 아닌 기술을 전수해 줘야 아프리카가 발전할 수 있다고 합니다.

257 지구는 사실 2개다

지구는 사실 도 넛 모양이라고 합 니다. 지구 양 끝 에 구멍이 있는데 이 구멍으로 들어 가면 또 다른 지구 가 있다는 것입니다. 이게 바로 지구공동설입니다.

'뭐 말도 안 되는 소리야?'라는 생각이 들겠지만, 여기에는 여러 증인 과 나름 과학적인 가설까지 있습니다. 물리학자 페도르 네볼린에 따르 면, 지구 안은 텅 비어 있다고 합니다. 우리가 알고 있는 맨틀, 내핵, 외 핵의 지구가 아닌, 지구 속에 또 다른 세상이 있다는 말입니다.

신기한 사실은 실제로 이 안을 탐험한 사람도 있다는 것입니다. 미 해군의 버드 제독은 북극을 탐사하던 와중에 통신이 끊어지고, 어떤 구 멍을 통해 지구 속으로 빨려 들어가게 되었다고 합니다. 그곳에는 지 구에서는 볼 수 없는 초대형 산맥과 계곡, 그리고 매머드가 있었다고 합니다. 이후 버드 제독은 이 사실을 미국 국방부에 보고했지만, 이 기 록은 극비문서로 취급되어 50년간 공개되지 않았다고 합니다.

뿐만 아니라 이와 관련된 과학적인 근거도 있다고 합니다.

1. 신기하게도 북극에는 1년 내내 바다가 얼지 않는 온난한 지역이 있습니다. 여기에는 사람이 마실 수 있는 민물도 있습니다. 대체

왜 북극이 따뜻하고 바다 한가운데에 민물이 있는 걸까요?

2. 북극에 겨울이 오면 수많은 동물이 북쪽으로 이동합니다. 추워지면 따뜻한 남쪽으로 가야 하는데, 오히려 북쪽에서 수많은 생물이 발견되고 있습니다. 이건 다시 말해 이곳 어딘가에 먹이가 풍부한 지역이 있다는 것입니다.

3. 지구는 생각보다 너무 가볍습니다. 지구의 겉면적은 약 5.1억km²이고, 무게는 약 60해 톤입니다. 겉면적에 비해 무게가 굉장히 가벼운 편입니다. 실제로 목성은 지구보다 120배 정도 넓지만, 무게는 318배나 더 나간다고 합니다.

이 말이 어느 정도는 논리적이라고 생각하나요? 혹시 반박하고 싶은데 반박이 어려운 사람들을 위해 대신 반박해 보겠습니다.

1. 북극에는 사람이 먹을 수 있는 민물이 있다. : 북극의 빙산이 바닷물로 만들어졌다고 해도 시간이 지나면 소금기가 증발하기 때문에 민물이 됩니다. 또한 빙산을 이루는 물은 대부분 하늘에서 내린 눈으로 만들어졌기 때문에 민물일 수밖에 없습니다.

2. 북극에는 따뜻한 지역이 있다. : 실제로 북극은 대서양 방향으로 흐르는 해류의 영향에 따라 자연적으로 온난한 수역이 형성됩니다. 따라서 인근 동물들이 온난한 지역으로 이동하는 건 당연한 것입니다.

3. 지구가 생각보다 가볍다. : 만약 지구의 내부가 비어 있다면 고체 지각에서 나타나는 파장 속도는 비어 있는 지구 내부를 통과할 때 달라져야 합니다. 하지만 지구의 지진파를 분석하면 지구의 내부가 비어 있다고 보기 어렵습니다.

258 지구는 사실 평평하다

실제로 지구가 평평하다는 지평설을 믿는 사람들이 있는데요. 그냥 믿는 수준이 아니라 진심으로 믿고 있습니다. 지구가 평평하다는 사람들의 주장은 다음과 같습니다.

1. 지구의 중력이 강하다면 새가 날아다니는 건 말이 안 된다.
2. 비행기가 몇 시간 동안 날아도 고도가 그대로 유지된다. 지구가 구형인 상태에서 고도가 일정하다면 지구 밖으로 나갔어야 한다.
3. 지구의 자전 속도는 엄청 빠른데, 이 속도라면 지구상의 물체는 이미 우주 밖으로 튕겨 날아갔어야 한다.
4. 지구가 둥글다면 물이 흘러 내렸어야 한다.

이 말이 어느 정도는 논리적이라고 생각하나요? 혹시 반박하고 싶은데 반박이 어려운 사람들을 위해 대신 반박해 보겠습니다.

1. 지구의 중력이 강하다면 새가 날아다니는 건 말이 안 된다. : 새는 중력의 영향을 받지만 날갯짓을 통해 공기를 밀어내며, 이러한 반작용력으로 인해 날 수 있는 것입니다.
2. 지구가 구형인데 비행기의 고도가 유지되는 게 말이 안 된다. : 비행기의 자동항법장치가 비행기의 고도를 유지시켜 줍니다.
3. 지구의 자전 속도가 빠른데 사람이 날아가지 않는 게 말이 안 된다. : 그럼 지하철도 빠른데 사람은 왜 안 날아갈까요?
4. 지구가 둥그런데 물이 흘러내리지 않는 게 말이 안 된다. : 중력이 작용하기 때문입니다.